保育所の廃止

保育所の廃止

田村和之 著

信山社

はしがき

2007年は児童福祉法制定60周年の記念すべき年である。この法律により制度化された保育所は大きく発展し、いまでは施設数は2万2000カ所、園児数は200万人をこえるまでになった。現在では、保育所なしの生活は考えられないという人は少なくない。それほどに保育所は人々の中に定着した。

この60年間、地方自治体（市町村）は保育所を一生懸命に作ってきた。その結果、保育所はこれほどに立派に発展した。ところが、いま、保育所を廃止するという動きが非常な勢いで進行している。どういうことかというと、公立保育所は「金食い虫」だから廃止し、民間に身売りしたほうがよいというのである。実際、すでにかなりの数の公立保育所が廃止・民営化され、また、その手続きがとられつつある。

もともと保育所のような施設は、企業的な経営になじむものでない。そのため市町村は公立保育所づくりに励んできた。その公立保育所はいらないというのだから、筆者は、保育所は一種の危機的な状態にあると考える。

その保育所に関する裁判が、21世紀になってから活発になっている。それは、保育所が人々の生活になくてはならないものになった証拠である。その保育所裁判のなかで注目を集めているのが、公立保育所の廃止・民営化裁判である。この裁判は前例のないもので、理論的にもむずかしい問題がいくつも含まれているため、当初から成果をあげられるかどうかは危ぶまれていたが、親たちのやむにやまれない気持ちから、各地で提訴され、争われている。

2006年に入ると、この裁判は成果をあげ始めた。06年４月に大阪高裁が大東市立上三箇保育所廃止裁判で、大東市に対し園児一世帯あたり33万円の損害賠償を命じた。その翌月には横浜地裁が横浜市の４つの公立保育所の廃止は違法であると断じた。07年２月には、神戸地裁が神戸市立枝吉保育所の廃止を差し止める決定を出した。

これらの裁判に関わってきた筆者は、この時点でレポートを作成する必要があると考え、本書を執筆することにした。本書は、これから公立保育所廃止・民営化の裁判を提起しようと考えている人たちにとって、一種のマニュアルの役割をはたすものであり、筆者からのエールでもある。

本書は、2004年に信山社から刊行した『保育所の民営化』の続編であり、内容的には、前著との重複をさけるように努めた。そのため、基本的な事柄についての説明がなされていない部分があちこちにある。読者にあっては、ぜひとも前著と合わせて読んでいただきたい。

本書の出版にあたっては、前著につづき編集工房INABAの稲葉文子さんにお世話になった。また、引き続き信山社から刊行できることについては、社長の袖山貴さんのご好意があってのことである。両氏に深く感謝したい。

2007年４月

田　村　和　之

目　　次

第2部　意　見　書（横浜地方裁判所宛）

第3部　資　料　編

保育所の廃止

第1部

公立保育所の廃止裁判

はじめに

子どもを保育所にあずけながら働き、必死に子育てをしている親たちの前に、突然、わが子が通う保育所の廃止・民営化の話がふってわいたように生じる。慣れ親しんできた保育所をなくしたくない、苦労して入所させた保育所にせめて卒園まで通わせたい、子どもにも親にも好かれている保育所なのになぜなくすのか……、このような素朴な感情を多くの親はいだき、戸惑う。

保育所を設置管理している市町村役場の職員の説明を聞く。行政の職員は、しばしば保育所廃止は既に決まったことであるという前提にたって、親たちの前に現れる。親たちは、そんな説明に納得できない。次々に疑問が出てくる。行政の職員はきちんと応えず、説明会は話合いの場ではない、要望は聞くというが、結局は聞き置くだけである。その結果「説明会」はこじれる。親たちに徒労感が広がる。

ここで親たちが諦めれば、保育所の廃止・民営化は、何ごともなかったように、市町村当局が予定したとおりに進行する。しかし、保育所を残してほしいと必死にお願いしたのに、聞いてもらえないたとき、まさに藁をもつかむ気持ちで、最後の手段としての裁判に訴える。一縷の望みを託して。

保育所の廃止・民営化を争う裁判の前途は容易でない。なにしろ前例のない裁判であり、まったく手探り状態となる。案の定、親たちの敗訴が続いた。ところが、2006年5月、横浜地裁は、4か所の横浜市立保育所廃止・民営化裁判で、保育所の廃止そのものが違法であるという判決を下した。この判決は、公立保育所の廃止を計画し、進めている市町村当局者に大きな衝撃を与え、あちこちで廃止・民営化を先に延ばし、様子見を図る自治体が現れた。

さらに、もっと大きな衝撃が走った。2007年2月、神戸地裁は、神戸市が進めていた市立枝吉保育所の同年3月31日限りの廃止・民営化を差し止める決定を出した。この結果、同保育所の廃止は先送りされることになった。

わずか数年間しかたっていないが、公立保育所廃止・民営化裁判ははげしく動いている。

Ⅰ　公立保育所の廃止・民営化裁判

１　公立保育所廃止・民営化裁判の状況

筆者の知る限り、現在、次の７件の裁判で一覧表（8、9頁参照）のような裁判所の判決・決定が出されている。

A裁判　高石市立東羽衣保育所廃止事件（現在、最高裁に上告中）　保育所廃止処分取消訴訟・執行停止申立て。（控訴審での損害賠償請求の追加的請求は却下）

B裁判　大東市立上三箇保育所廃止事件（現在、最高裁に上告中）　保育所廃止処分取消訴訟・執行停止を申立て。損害賠償請求訴訟。

C裁判　枚方市立宇山保育所廃止事件（現在、最高裁に上告中）保育所廃止処分取消訴訟・執行停止申立て。損害賠償請求訴訟。

D裁判　４か所の横浜市立保育所廃止事件（現在、東京高裁で審理中）　保育所廃止処分取消訴訟・執行停止申立て。損害賠償請求訴訟。

E裁判　神戸市立枝吉保育所廃止事件（現在、神戸地裁で審理中）　保育所廃止処分差止めの訴え・仮の差止め申立て。

F裁判　川崎市小田中保育園・小田中乳児保育園指定管理者指定事件（現在、横浜地裁で審理中）　指定管理者指定処分取消訴訟。執行停止申立て。

G裁判　八千代市立神津西保育園廃止事件　保育所廃止処分取消訴訟・執行停止申立て、保育の実施解除処分差止めの訴え・仮の差止め申立て、損害賠償請求訴訟。

※以上のほかに、審理中の裁判事件があるようであるが、筆者は詳しいことを把握していない。

いずれの裁判も、原告は当該保育所に在園中の園児の親・保護者であり、また、D、E、Fの各裁判では園児も原告になっている。

A、B、C、D、Gの各裁判では、当該公立保育所の設置を定めている条例の改正（廃止条例の制定）が行われた時点で（つまり当該保育所が廃止される以前に）提訴され、訴訟形式は公立保育所廃止処分の取消訴訟および損害賠償請求訴訟である。

E裁判は、当該公立保育所の廃止を定める条例の制定による保育所廃止処分の差止めを求める裁判である。

F裁判は、公立保育所を指定管理者（地方自治法244条の2第3項以下）に管理委任※する行政処分（指定管理者指定処分）の取消訴訟である。

公立保育所廃止裁判一覧表（2007年３月30日現在）

Ａ裁判　高石市立東羽衣保育所廃止事件（保育所廃止日2002年４月１日）2001年９月大阪地裁に提訴（取消訴訟）原告　保護者　被告　高石市

執行停止申立（却下）

大阪地裁決定2002年３月29日（賃金と社会保障1325号62頁）

取消訴訟第一審（棄却）

大阪地裁判決2004年５月12日（賃金と社会保障1385・86合併号103頁、判例地方自治283号44頁）

取消訴訟控訴審（控訴棄却）

大阪高裁判決2006年１月20日（賃金と社会保障1438号53頁、判例地方自治283号35頁）（控訴審での損害賠償請求の追加的請求については、被告（被控訴人）の同意がないとして却下）

（最高裁に上告中）

Ｂ裁判　大東市立上三箇保育所廃止事件（保育所廃止日2003年４月１日）2002年11月大阪地裁に提訴（取消訴訟、損害賠償請求訴訟）原告　保護者　被告　大東市

執行停止申立（却下）

大阪地裁決定2003年３月26日

執行停止即時抗告（棄却）

大阪高裁決定2003年３月28日

取消訴訟・損害賠償請求訴訟第一審（いずれも棄却）

大阪地裁判決2005年１月18日（判例地方自治282号74頁、裁判所 HP）

取消訴訟控訴審（控訴棄却）

損害賠償請求訴訟控訴審（一部認容　一世帯あたり33万円の支払を命じる）

大阪高裁判決2006年４月20日（判例地方自治282号55頁、賃金と社会保障1423号62頁）

（最高裁に上告中）

Ｃ裁判　枚方市立宇山保育所廃止事件（保育所廃止日2004年４月１日）2003年12月大阪地裁に提訴（取消訴訟、損害賠償請求訴訟）原告　保護者　被告　枚方市

執行停止申立（却下）

大阪地裁決定2004年３月22日

執行停止即時抗告（棄却）

大阪高裁決定2004年３月31日

取消訴訟・損害賠償請求訴訟第一審（いずれも棄却）

大阪地裁判決2005年10月27日（判例地方自治280号75頁）
取消訴訟・損害賠償請求訴訟控訴審（いずれも控訴棄却）
大阪高裁判決2006年４月27日
（最高裁に上告中）

D裁判　横浜市立の４保育所廃止事件（保育所廃止日2004年４月１日）2004年２月横浜地裁に提訴（取消訴訟、損害賠償請求訴訟）原告　保護者・子ども　被告　横浜市
執行停止申立（却下）
横浜地裁決定2004年３月22日
執行停止即時抗告（棄却）
東京高裁決定2004年３月30日（判例時報1862号151頁、判例タイムズ1162号150頁）
取消訴訟第一審（棄却、ただし廃止処分の違法を宣告）
損害賠償請求訴訟第一審（一部認容　一世帯あたり10万円の支払を命じる）
横浜地裁判決2006年５月22日（賃金と社会保障1420号39頁、判例地方自治284号42頁、裁判所ホームページ）
（東京高裁に控訴中）

E裁判　神戸市立枝吉保育所廃止事件　2006年12月　神戸地裁に提訴（差止めの訴え）原告　保護者・子ども　被告　神戸市
仮の差止め申立（認容）（廃止予定日2007年４月１日）
神戸地裁決定2007年２月27日
仮の差止め申立（第２次）（却下）（廃止予定日2007年７月１日）
神戸地裁決定2007年３月23日

F裁判　川崎市小田中乳児保育園・小田中保育園指定管理者指定事件（移管日2007年４月１日）2006年10月横浜地裁に提訴（指定管理者指定処分取消訴訟）原告　保護者・子ども　被告　川崎市
執行停止申立（却下）　　横浜地裁判決2007年３月９日
執行停止即時抗告（棄却）　東京高裁決定2007年３月29日

G裁判　八千代市立神津西保育所廃止裁判（廃止日2007年４月１日）2006年12月千葉地裁に提訴（取消訴訟、差止めの訴え、損害賠償請求訴訟）原告　保護者・子ども　被告　八千代市
執行停止申立・仮の差止め申立（いずれも却下）
千葉地裁決定2007年３月29日

※指定管理者への管理（経営）委任

2003年、地方自治法244条の２の改正により導入された指定管理者制度により、公の施設である保育所を廃止せず、その管理を指定管理者である民間人に委任することがなされるようになった（指定管理者制度については、筆者の前著『保育所の民営化』信山社、20頁以下を参照されたい）。この制度は、公立保育所の廃止ではないが、その管理運営（経営）は民間人にゆだねられ、保育所の経営者が民間人に変わる。この意味で、保育所の民営化の一形態である。

２　裁判の形式
――取消訴訟、差止めの訴え、損害賠償請求訴訟

取消訴訟も差止めの訴えも、行政事件訴訟法に定められている裁判の形式（抗告訴訟の一種）である。

取消訴訟（指定管理者指定処分取消訴訟を除く）は、公立保育所の設置の根拠になっている自治体条例が改正され、保育所廃止が決まった段階で選択される裁判の形式であり、保育所廃止処分の取消しを求める裁判である。保育所が廃止される日より前に提訴し、後述のように廃止処分の執行停止の申立てが行われることが多い。保育所を設置する市町村を被告とする。訴状の「請求の趣旨」欄には、「被告が○○市保育所設置条例の一部を改正する条例の制定をもってした△△保育所を廃止する旨の処分を取り消す」などと記載される。取消訴訟は、行政処分があったことを知った日から６か月以内に提起しなければならない（行政事件訴訟法14条１項）。

Ｆ裁判の川崎市小田中乳児保育園・小田中保育園事件も取消訴訟である。この裁判では、指定管理者への保育所の管理委任処分の取消しが求められている。被告は川崎市であり、訴状の「請求の趣旨」欄には、「被告が○○年月日に行った小田中保育園・小田中乳児保育園の指定管理者を××に指定した処分を取り消す」と記載されている。この事件でも執行停止が申し立てられている。

Ｅ裁判の神戸市立枝吉保育所廃止事件では、「差止めの訴え」という裁判形式がとられた。この裁判では、いまだ公立保育所設置条例の改正が行われていない（したがって、保育所廃止処分はいまだ行われていない）が、条例改正を待ったのでは提訴の時機に遅れるので、条例改正による保育所廃止処分をしてはならないことを求める裁判、つまり差止めの訴えが選択された。被告は神戸市であり、訴状の「請求の趣旨」欄には「被告は保育所設置条例の一部を改正する条例の制定をもってする枝吉保育所を○○年月日限りで廃止する旨の処分をしてはならない」旨が記載された。後述のように廃止処分の「仮の差止め」の申立てがなされた※。

このほかに、違法な保育所廃止・民営化により園児と親に損害が発生したとして、損害賠償請求訴訟も提起されている。これまでのところ、損害賠償請求は取消訴訟と一緒に提訴されている。

※差止めの訴えについて

この裁判制度は、2005年4月の行政事件訴訟法改正により、新たに制度化されたものである（同法3条7項）。この裁判は、行政処分をしてはならないこと（事前の差止め）を請求するものであり、その行政処分がなされると「重大な損害を生ずるおそれがある場合に限り、提起することができる」(37条4項)。また、差止めの訴えを提起した場合、その行政処分がされてしまうと「償うことができない損害を避けるため緊急の必要」があり、かつ、その行政処分が違法であるとみられるとき(「本案について理由があるとみえるとき」)、裁判所は提訴者が申立てた「仮の差止め」を命じる（行政事件訴訟法37条の5第2項・3項)。行政側が上訴（即時抗告）しても、この決定の効力を止めることはできない。

後述のように、2007年2月27日、E裁判において、神戸地裁は「2007年3月31日限りで枝吉保育所を廃止する処分をしてはならない」と命じたが、この決定は「仮の差止め」決定第1号である。

Ⅱ　地方自治体の役割・任務と公立保育所の廃止・民営化

1　公立保育所を廃止する理由

「民でできることは民で」「民間活力の活用」などというキャッチコピーがかまびすしく語られ、行政の「民営化」「民間化」が進められている。国や地方自治体は、これまで自ら行ってきた業務・事業をつぎつぎと手放し、その責任範囲の縮小をはかっている。市町村の公立保育所の廃止・民営化は、このような政策に沿う形で進められている。

市町村（行政）が設置運営の責任を負っている公立保育所は、ゼロ歳児保育や延長・夜間保育などに消極的であり、また、経費も高くつき非効率であるなどという考え方から、公立保育所の施設設備を民間に移譲し、民間法人に私立保育所を新設させる「公立保育所の廃止・民営化」が行われている。この点に関し厚生労働省に設置された次世代育成支援施策の在り方に関する研究会の報告書「社会連帯による次世代育成支援に向けて」（2003年８月７日、厚生労働省ホームページ）は、次のように述べている。

「公営・私営の保育所は、それぞれが他方にない長所を有しているが、私営保育所の方が延長保育等の特別保育の実施率が高いなど利用世帯の多様なニーズに応えている一方で、公営保育所は、多様なニーズへの対応が不十分で、かつ、保育士の年齢が高いこともあって費用がかかるなど費用対効果という面で問題がある。『民でできることは民で』という官民の役割分担の観点を踏まえると、今後とも公設民営形式の推進や公営保育所の民営化など民間活力の導入を進めていくことが適当である。」

ところで、2001年7月、成立したばかりの小泉内閣は、閣議で「待機児童ゼロ作戦――最小コストで最良・最大のサービスを――」を決定した。政府が「待機児童」の解消、つまり保育所入所要件に該当し、入所申込みをした子どもは全員保育所に入所させるという目標を定めたことは画期的であった。

待機児童をゼロにするためには保育所を新増設したり、定員増をはかったりしなければならない。だが、閣議決定により、それを「最小コストで」しなければならないことになってしまった。そこで、多くの地方自治体は、既設の公立保育所を廃止・民営化することがもっとも手っ取り早い方法であると考えるようになった。

つまり、こうである。公立保育所であれ私立保育所であれ、「保育に欠ける」子どもを保育所に入所させた場合、市町村はその子どもの保育経費（保育所運営費）を支出（負担）する。しかし、よく知られているように、この場合、同じ条件であれば、私立保育所に支出する金額のほうが少なくてよいのが通例である。なぜそうなるかといえば、経費算出の基礎とする人件費が私立保育所のほうが低いからである。公私立保育所間の人件費に格差※があるために、公立保育所を廃止し、入所している子どもを私立保育所に移し変えたほうが経費の「節減」ができるのである。

※この人件費格差は、私立保育所のほうが職員の平均年齢が低く、また、職員の配置数が少ないことにより生じるとみられている。

お役所仕事よる硬直した公立保育所経営に対する批判と反発は、国民の中に根強く存在する。これを背景にして、「多様な保育ニーズに応える」には私立保育所のほうがよいということも、公立保育所の廃止・民営化の理由にあげられている。だが、行政当局者がこのようということは、自らの非を省みずに自ら（公立保育所）を批判する天に唾する議論である。公立保育所は多様な保育ニーズに応えられないなどということは、およそあり得ない。公立保育所の設置経営者である地方自治体が、その気になりさえすれば、いつでも「多様なニーズ」に応えられるのである。

2　地方自治体の役割・任務と保育所の廃止

安易な公立保育所の廃止は、市町村に課せられている公立保育所の設置管理（運営）義務に抵触する可能性がある。くわしくは筆者の前著『保育所の民営化』（信山社）第１章を参照していただきたいが、地方自治体の役割・任務、地方自治法および児童福祉法の関係の規定から、地方自治体（市町村）には保育所を設置する義務が課せられているということができる。

地方自治法には、次のような条文が定められている。

「地方公共団体は、住民の福祉の増進を図ることを基本として、地域における行政を自主的かつ総合的に実施する役割を広く担うものとする。」（1条の2第1項）

「普通地方公共団体は、地域における事務……を処理する。」（2条2項）

このように、地方自治体は、「地域における行政」「地域における事務」を行う役割、責務を担っている。住民に身近な地方自治体である市町村（同法2条3項では、市町村を「基礎的な地方公共団体」と位置づけている）は、その役割や任務をはたすために、「公の施設」である保育所を設置するのである。

地方自治法244条1項は、一般に地方自治体は「住民の福祉を増進する目的をもってその利用に供するための施設」（公の施設）を「設けるものとする」と定めている。「……するものとする」という法文は、「……しなければならない」と同じ意味であるから、この条文によれば、市町村には公の施設である保育所を設置する義務が課せられているということができる。もっとも、同法は「保育に欠ける」子どもが存在しない市町村にまで保育所設置を義務づけているとはいえないであろう。したがって、この義務は、「保育に欠ける」子どもが存在する市町村に課せられているということができる。

市町村が公立保育所を設置しなければならないことは、児童福祉法の要請でもある。すなわち、同法24条１項によれば、市町村は「保育に欠ける」子どもを「保育所において保育しなければならない」。この義務を履行するために、市町村は公立保育所を設置しておかなければならない。もっとも、既設の私立保育所によって十分にこの義務を履行できる場合には、市町村は公立保育所設置の義務を免れることができるといってよいだろう。

以上のように、地方自治法および児童福祉法によれば、市町村は「保育に欠ける」子どもを保育するために、自ら保育所を設置しなければならないのである。市町村がこの義務を免れることができるのは、「保育に欠ける」子どもが存在しない場合または私立保育所が十分に設置されている場合、のいずれかである。現在多くの市町村で進められている公立保育所の廃止が、これらの場合に当たらないことは明らかである。

このように、安易な公立保育所の廃止、民営化は、地方自治法および児童福祉法の関係規定に違反する疑いがあるといわなければならない。

Ⅲ　公立保育所廃止裁判（取消訴訟）の論点

ここでは、取消訴訟の形で争われる公立保育所廃止・民営化裁判の論点について検討したい。各裁判の論点は共通している。

第１は、当該公立保育所の廃止を定める条例制定を行政処分とみなし、その取消しを求める訴訟（取消訴訟）の提起は許されるかということである。

第２は、当該公立保育所の廃止は保育所選択権を侵害し、違法ではないかということである。

第３は、当該公立保育所の廃止により、親・保護者はその意思に反してその保育所から子どもの退所・退園を余儀なくされ、「保育の実施」の解除が行われたが、その際なされなければならない「理由の説明と意見の聴取」（児童福祉法33条の４）が行われなかったのは手続上違法ではないかということである。

以下では、この３つの点について、順に検討していきたい。

１　条例改正を取消訴訟の対象とすることができるか

公立保育所の廃止を裁判で争おうとするとき、まっ先に思い浮かぶ訴訟形式は行政事件訴訟法に定められている取消訴訟である。同法３条２項によれば、この訴訟では「行政庁の処分その他公権力の行使に当たる行為」（一般には行政法学でいう「行政処分」とほぼ同じものと考えられている）の取消しを請求できる。

行政処分とは、人の権利義務の状態に変動をもたらす（法的効果が生じる）行政庁の行為をいう。園児が在園中の公立保育所がなくなれば、その公立保育所で保育を受ける権利が奪われることになる。したがって、そのような公立保育所の廃止は行政処分に当たる。

市町村は、ある公立保育所を廃止しようとする場合、その公立保育所の設置を定めている条例（いわゆる保育所設置条例。地方自治法244条の２第１項）の改正を行わなければならない（つまり廃止条例を制定する）。この改正された条例が公布され、施行日がくれば、その公立保育所は廃止される（期日到来により保育所は「自動的に」廃止される。なお、市町村は、保育所を廃止しようとするときは、児童福祉法35条６項により都道府県知事に届け出なければならない）。つまり、公立保育所の廃止は保育所設置条例の改正（廃止条例の制定）により行われる。

ところが、ここに難しい問題がある。それは、条例のような法令の制定や改廃は行政処分に当たらないのではないかという問題である（一般論として広く承認されている）。しかも、これまでの各裁判は条例改正の直後に提訴されており、その時点では公立保育所の廃止はいまだ実行されていなかった（改正条例施行による公立保育所の廃止は４月１日であるが、提訴はいずれもこれ以前に行われた）。

この問題について、これまでに出された判決はすべて、条例改正による公立保育所の廃止を取消訴訟の対象となる行政処分に当たると判断している。その理由をＡ裁判大阪地裁判決により紹介しよう。

「条例の制定は、通常は、一般的、抽象的な規範を定立する立法作用の性質を有するものであり、原則として、個人の具体的権利義務に直接の効果を及ぼすものではないから、抗告訴訟（取消訴訟は抗告訴訟の一種である。筆者）の対象となる処分には当たらないものと解される。しかしながら、他に行政庁の具体的処分を経ることなく、当該条例自体によって、その適用を受ける特定の個人の具体的な権利義務に直接影響を及ぼすような例外的な場合には、当該条例の制定行為自体をもって行政処分とみる余地が存するものと解するのが相当である。」（下線は筆者）

判決は、高石市立東羽衣保育所の廃止は、この下線部分に該当するという。すなわち、原告ら保護者は、高石市との間で就学までの期間、同保育所において保育を受けることを内容とする利用契約を締結した。高石市による本件保育所の廃止がその裁量権の逸脱ないし濫用に当たる場合には、違法となる。この場合、原告らは同利用契約に基づいて有する本件保育所で保育を受ける権利が侵害されたことになるから、本件保育所の廃止は、原告らの有する上記権利を侵害する行政処分に当たる。そうだとすれば、このような原告らの有する権利を侵害する行政処分に対して取消訴訟の提起は認められる。

前述のように、公立保育所の設置と廃止は保育所設置条例の制定・改廃により行われ、廃止を定める条例が行われれば、直ちにその保育所は廃止され、保育所利用期間（保育の実施期間）

が残っていても、その保育所で保育を受けることはできなくなる。そうだとすれば、この公立保育所の廃止を裁判で争おうとすれば、設置条例の改正を対象とするしかない。上記大阪地裁判決はこの理を認めたものであり、その後に続く裁判所判決も、こぞってこれを認めている。

2　保育所選択権と児童在園中の保育所の廃止

在園中の児童（在園児）がいるのに保育所を廃止してよいのか、という疑問は誰もが抱くものである。この問題は、保育所選択権をどう理解するかと緊密に関係している。

保育所選択権の保障は、1997（平成9）年に児童福祉法を改正して保育所入所制度が「措置から契約へ」と改革された際に、当時の厚生省がもっとも強調した点である。同省は次のように説明する。

「今回の改正では、市町村が地域の保育所の情報を公開し、これに基づき親が希望する保育所を選んで利用する仕組みに改められることになりました。」（厚生省児童家庭局監修『児童福祉法改正のポイント』1997年、ぎょうせい、8ページ）

同じことを児童福祉法規研究会『最新児童福祉法、母子及び寡婦福祉法、母子保健法の解説』（1999年、時事通信社、284頁。本書は、作成の経緯から、厚生省児童家庭局の見解とみてよい）は次のように説いている。

「平成9年の法改正後は、保育所の入所方式を保護者が希望する保育所等を記載して市町村に申し込むという意思表示を前提としたうえで、これに対して市町村が保育に欠ける乳幼児等かどうかの事実確認をし、その保育所の受入能力がある限りは、希望どおりに保育所入所を図らなければならないこととし、保護者の選択を制度上保障したものである。」（168頁）

この時の児童福祉法改正では、保育所選択権を実質化するために同法24条に保護者の保育所入所の申込み（1項・2項）、市町村による選考（3項）および情報の提供（5項）が定められ、また、保育の実施期間は原則として小学校就学の始期までとされた。

保育所選択権の内容は、次のように整理できる。

① 選択（希望）した保育所に入所する（希望しない保育所に入所決定されない）権利。

② 選択（希望）した保育所に入所した後に、市町村の一方的な決定により他の保育所に転園させられない権利（その意に反して転園させられない権利）。

③ 定められた保育の実施期間が満了するまで、選択（希望）した保育所で保育を受ける権利（小学校入学まで当該保育所に就園する権利）。

在園中の子どもが存在するにもかかわらず、当該保育所を廃止するならば、③（延いては②）が侵されるのではないかという問題が生じる。なぜならば、現在、市町村が発行する「保育所入所承諾書」には、「入所する保育所の名称及び所在地」が決められており（保育所の特定）、また、小学校就学の始期までの「保育の実施期間」が示されているからである。したがって、③の侵害が生じないように保育所を廃止しようとすれば、理論的には在園児の「卒園」を待つ必要がある。

3　保育所選択の権利（利益）を認める判決

Ａ裁判で大阪地裁は、97年児童福祉法改正により、「保育所に関する情報の提供に基づき保護者が保育所を選択し、市町村と保護者との間で、保護者が選択した保育所における保育を実施することを内容とする利用契約」を締結する仕組みがとられることになったから、「保護者は、同利用契約の存続期間中、当該保育所が存続しているにもかかわらず、その意に反して他の保育所への転園を強要されることなく、当該保育所において保育を受ける権利を有するものと解するのが相当である」との判断を示した。

このように、大阪地裁は、保護者が保育所を選択し、選択した保育所を利用する契約が存続する期間中、その保育所からの転園を強要されないことを含めて保育所選択権が認められるとした。このような判断は、その後、Ｂ、Ｃ、Ｄの各裁判の地裁判決および高裁判決のすべてで採用されている。

Ｄ裁判横浜地裁判決は、保育所選択権という文言にかえて、保育所の選択の利益といい、その内容を次のように説く。

「（児童福祉）法24条は、保護者に対して、その監護する乳幼児が保育の実施を受けるべき保育所を選択し得るという地位を一つの法的利益として保障したものと認めるのが相当である。

そして、入所時における保育所の選択は、入所時だけの問題ではなく、その後の一定期間にわたる継続的な保育の実施を当然の前提としたものであるし、入所後に転園や退園を求めるのは自由であるというのでは入所時の選択は空疎なものとなるから、法が入所時における保育所の選択を認めていることは、必然的に入所後における継続的な保育の実施を要請するものということができる。そして、入所に当たっては、前記のとおり、具体的な保育の実施期間を前提として利用関係が設定されるのであるから、この保育期間中に当該選択に係る保育所を廃止することは、このような保護者の有する保育所を選択し得るとの法的利益を侵害するものと評価することができる。」

保育所選択「権」と保育所選択の「法的利益」とでどう異なるのか、また、横浜地裁が何を意図して保育所選択の「法的利益」といったのかは不明であるが、説かれているところからすると、両者に実質的な違いはないといってよい。

ところが、Ａ裁判の大阪地裁判決は、保育所選択権は「あくまでも当該保育所が存続することを前提とするものであり、市町村がその有する広範な裁量により当該保育所を廃止することがあり得ることは、当該保育所の公の施設としての性格からくる制約として当該利用契約において前提とされている」などと述べて、市町村に与えられている保育所廃止の広範な裁量権の逸脱・濫用がない限り、保育所利用契約存続中であっても、換言すれば保育所利用期間が残存している園児がいても、その公立保育所を廃止してよいとした。この考え方は、A・B・C裁判の地裁および高裁で共通して採用された。

この考え方には問題点が2つある。1つは公立保育所の廃止にあたって保護者の保育所選択権（法的利益）を考慮する必要はないとしている点であり、もう1つは公立保育所の廃止について市町村には「広範な裁量」が認められるとしている点である。

4　保育所選択権と関わりなく保育所を廃止できるか

A、B、Cの各裁判の判決は、保育所選択権は保育所が存続することを前提とするから、保育所廃止にあたり保護者の保育所選択権を考慮する必要はない旨を述べる。しかし、この考え方は疑問である。その理由は以下のとおりである。

戦後の行政法学では、当初、公の施設が正当な理由に基づき廃止されたとき、その利用者はこれに対抗することができないとの見解がとられていたが、1960年代になると、公の施設などの設置・廃止に関する裁判例（村民の村道自由通行権を認めた最高裁判決、歩道橋設置に関し近隣住民の道路通行権などを認める東京地裁決定、保護者の学校という公の施設の利用権（または利用の利益）を認める盛岡地裁や仙台高裁の判決など）の一定の集積がみられ、このような見解は見直されるようになる。

1974年、この問題について代表的な法学説を説いていた原龍之助は『公物営造物法（新版）』（有斐閣）を著し、旧説を改め、「鉄道・軌道等の廃止、道路の路線の廃止、病院の統合による特定の病院等の廃止によって、従来の利用者の日常生活が著しく不便になり、あるいは具体的な生活利益が侵害されるような場合には、利用者は法律上保護される利益の侵害として、その取消を求める訴えの利益を有するものということができる」（473頁）との見解を明らかにした。

このような見解は、最近の有力な行政法学説においても採用されている。この見解は、公の施設・公共施設廃止処分取消訴訟の訴えの利益・原告適格に関わって述べられているが、住民・利用者の法律上保護される利益が違法に侵害されている場合、裁判所は取消しを命じることができるとするものである。

以上のように、行政法学説および裁判例によれば、公の施設の廃止については、その入所者・利用者の権利と関係づけて考察しなければならないとされている。このような考え方に従えば、現に利用中の園児がいる公立保育所の廃止は、その権利の侵害になるというほかない。

5　公立保育所の廃止は市町村の広範な裁量にゆだねられているか

Ａ裁判の大阪地裁判決は、公の施設の廃止は市町村の「広範な裁量」にゆだねられており、公の施設の一種である保育所の廃止も同様であるという（Ａ裁判の高裁判決およびＢ、Ｃの各裁判の判決では、単に「裁量」にゆだねられているという）。

公の施設といっても多種多様である。道路も公の施設に含められるが、道路の廃止と保育所の廃止を同列にみることはできない。求められるのは、保育所という施設の目的・性格からみて、その廃止に関する裁量はどのように考えられるかという視点である。しかし、Ａ、Ｂ、Ｃの各裁判の判決はこのような思考方法をとっていない。

この点で優れているのはＤ裁判の横浜地裁判決である。この判決は、保育所廃止について市町村の「政策的な裁量判断」を認めるが、その判断は無制約でなく、保育所という「施設の性質や入所中の児童や保護者の前記利益が尊重されるべきことを踏まえたうえで、その廃止の目的、必要性、これによって利用者の被る不利益の内容、性質、程度等の諸事情を総合的に考慮した合理的なものでなければならないことは当然である」とし、具体的に考慮すべきこととして、「保育所としての性質からして、利用者の日々の生活と密接に結びついており、長期間にわたり、継続的な利用関係が想定されていること、その廃止が利用者に与える影響は、児童及び保護者のいずれに対しても、一般的には深刻なものがあると考えられること、法は市町村に対して必要な保育所の設置義務を定めていること（24条）、……法は、児童及び保護者の特定の保育所で保育を受ける利益を尊重すべきものとしていること等のことが挙げられる」とする。そして、これらの点にかんがみるならば、保育所の廃止については、「市町村の広範な裁量にゆだねられている」とはいえないと結論づけている。

6　公立保育所廃止が裁量権の逸脱・濫用となるとき

保育所選択の権利（法的利益）を損なう公立保育所の廃止は原則として許されないという考え方もあり得ないわけでないが、ここではＤ裁判横浜地裁判決にしたがい、保育所廃止に関する市町村の裁量は、どのような場合にその範囲を逸脱・濫用したと評価されるのかを考える。

横浜地裁判決は、公立保育所の廃止の裁量権の行使が適切になされたかどうかの判断は、保育所選択の利益（権利）の侵害を「正当化し得るだけの合理的な理由」があるかどうか、また、これを補うべき「代替的な措置」が講じられたかどうかといった点を考慮して行われるべきであるという。やや長くなるが、引用・紹介しよう。

「入所児童がいる保育所を民営化するについては、当該保育所で保育の実施を受けている児童及び保護者の特定の保育所で保育の実施を受ける利益を尊重する必要があり、その同意が得られない場合には、そのような利益侵害を正当化し得るだけの合理的な理由とこれを補うべき代替的な措置が講じられることが必要である」。

「保護者との関係をみてみると、本件改正条例制定時点において、本件民営化について大方の保護者の承諾が得られているとはいい難い状況であった。のみならず、これら保護者と被告との関係は、本件民営化に向けて建設的な話し合いが期待できるという状況にはなく、早急に信頼関係の回復が見込める状況にもなかったといわざるを得ない。

保護者らが態度を硬化させていた根本的な理由は、被告において、１年後に本件民営化を実施するということは行政的には決定事項であり、変更できないものとして対応していたため、この点について協議の余地がなかった点にあるものと認められる。

公立保育所を民営化するについて、保護者全員の同意が必要とまでは解されないが、本件民営化について保護者らが上記のような対応をとったことについては、突然に本件民営化が公表されたことや上記の被告の対応等に照らすと、一概に理不尽なものということはできず、また、それが極く一部の保護者の意向であったとも認められない。」

「本件民営化に向けての具体的協議の場として予定されていた三者協議会は、本件４園のいずれについても設置にも至っていない。そして、被告が主張していた３か月の引き継ぎ及び共同保育期間ということについては、十分な根拠があるとはいえないし、保護者の納得が得られていない状況下では、なおさらのことといえる。

このような状況下にあった平成15年12月18日の時点で、平成16年４月１日に本件民営化を実施しなければならないといった特段の事情があったとはいえない。『多様な保育ニーズに応えるため』『子どもの成長が早い』といった被告が説明してきた理由は、他方で種々の不利益を被る可能性のある児童、保護者の存在することを思えば、このような状況下での早急な民営化を正当化する根拠としては不十分といわざるを得ない。

このような民営化は、児童及び保護者の特定の保育所で保育の実施を受ける利益を尊重したものとは到底いえない。」（下線は筆者）

横浜市の場合、公立保育所の廃止・民営化の理由として、主に「多様な保育ニーズに応えるため」と説明してきたが、横浜地裁は、それは保護者の保育所選択の利益を上回る（侵害してもやむを得ない）「合理的な理由」にならないと判断したのである。

ところで、公立保育所の廃止・民営化を進めている多くの市町村では、その理由として財政合理化（保育所運営費の削減）があげられている。これが保育所選択権を侵害してでも保育所廃止を合理化する理由になるといえるかどうかは、横浜地裁判決からは明らかでない。

現在、財政上の理由は、公立保育所を廃止・民営化するための理由として「常識化」している。しかし、このような状況はごく最近のものである。長い間、厚生省児童家庭局の見解を表してきたとみられている児童福祉法規研究会編・前掲書は、「その地域に当該児童福祉施設が必要であるにもかかわらず、財政上の理由等で廃止または休止されてはならないのは当然である。」(284頁）と述べているところからうかがえるように、財政合理化を児童福祉施設の廃止の理由とすることを戒めるのが、従来の「良識」であった。

このように考えれば、財政上の理由は、容易には保育所廃止の合理的理由にならないといわなければならない。

7　保育の実施の解除の手続き

保育所が廃止されれば、いやおうなしに園児は他の保育所に移らなければならない（転園）。転園の場合、それまで通っていた保育所からの退所（退園）と新しい保育所への入所（入園）の２つの手続きが同時に行われる。

前者は「保育の実施」の解除処分（行政処分）に当たるので、児童福祉法33条の４に基づき、あらかじめ保護者に対し、保育の実施の解除の理由について説明するとともに、意見を聴かなければならない。この場合、行政手続法第３章（12条および14条を除く）は適用除外とされ（児童福祉法33条の５）、代わって「福祉の措置及び保育の実施等の解除に係る説明等に関する省令」（平成６年厚生省令62号）が適用される。この省令には、あらかじめ市町村長は保育の実施の解除の内容、理由等を保護者に通知し（１条）、説明等の期日に、行政庁の職員は予定される保育の実施の解除の内容および理由を説明し、また、保護者の意見を聴く（4条）などの手続きが定められている。

A、B、Cの裁判の判決は、以上のような考え方を否定したが、D裁判の横浜地裁判決は、当然のようにこれを承認している（条例改正による保育所廃止の行政処分性は、この面からも認められる）。

公立保育所の廃止は、保育の実施設置条例の改正により行われるから、保育の実施の解除処分も同条例の改正により行われることになる。上記の手続きは「あらかじめ」行うことが求められているから（児童福祉法33条の4）、同条例の改正前に行うことが必要である。

Ⅳ　執行停止、仮の差止め
――「仮の救済」制度――

1　違法であるが取り消せない――事情判決――

D裁判で横浜地裁は、横浜市立の4つの保育所の廃止を違法であると断定した。ところが、取消請求は認めなかった。同地裁は次のようにいう。

「本件改正条例の制定は、その裁量権の行使に逸脱、濫用があり違法と解されるから、その制定行為（処分）を取り消すのが原則である。しかしながら、本件4園が廃止されてから既に2年余りが経過しており、既に保育所の建物、敷地は売却ないし貸与され、保育士等もそれぞれ新たな職場で勤務しているものと推測されるから、上記取消しによって法的には被告の設置する保育所としての地位を回復するとしても、現実問題として従前の保育環境が復活するわけではない。

そして、その一方で、上記期間の経過によって、本件各新保育所では新たな保育の環境が形成されるとともに、新たに同保育所で保育の実施を受けるに至った児童も存在するものと考えられる。現時点で本件改正条例の制定を取り消すことは、これらの新たな秩序を破壊するものであり、無益な混乱を引き起こすことにもなりかねない。

そこで、本件改正条例の制定を取り消すことは公の利益に著しい障害を生じるものであり、公共の福祉に適合しないものと認められるから、行政事件訴訟法31条1項を適用して、本件改正条例の制定が違法であることを宣言することにとどめ、原告らの請求は棄却することとした。」

裁判を争っていても、実際には保育所は廃止されてしまう。そして、時間の経過とともにいろいろの既成事実ができる。そうすると、保育所廃止が違法であっても、今さら取消しを命じられない、このように横浜地裁はいっている。このような判決を「事情判決」という。

違法な行政でもやってしまえば勝ち、ともいえる上記のような事情判決制度に違和感をいだく者は少なくない。しかし、この制度は、現在の行政事件訴訟法の第31条1項に定められている。そのため、上記のような判決が出されるのである。

保育所が廃止される以前に、裁判所の判断により、違法な廃止をストップさせることはできないのか。

2　保育所廃止処分の執行停止申立て

保育所の廃止・民営化の実施以前に、裁判所に「暫定的」な判断を出してもらい、ひとまず保育所の廃止をストップさせる必要がある。そのために民事訴訟の仮処分に相当する行政処分執行停止の申立てがなされる。

執行停止申立ては行政事件訴訟法25条に定められている。それは、取消訴訟を提起した後になされる（実際には、しばしば取消訴訟の訴状と執行停止の申立書の提出は「同時に」行われる）。同条の旧規定（2005年4月改正前の条文）によれば、裁判所は「回復の困難な損害を避けるため緊急の必要があるとき」（行政事件訴訟法25条の旧第2項）、執行停止を命じることができた。法改正後の現在の条文では「重大な損害を避けるため緊急の必要があるとき」となっており、執行停止を命じる要件がゆるめられたといわれている。

これまでの保育所廃止・民営化裁判（取消訴訟）では、すべて執行停止申立てがなされたが、一件も認められていない。「回復困難な損害」「重大な損害」が明らかにされていないというのが、その理由である。のちに横浜地裁が公立保育所の廃止は違法であると判断したD裁判の横浜市立保育所廃止事件でも、東京高裁は、以下のように述べて、執行停止を命じる必要性を認めなかった（2004年3月30日決定『判例時報』1862号151頁）。

「市立保育所としての本件各保育所が廃止されたとしても、希望すれば、本件各保育所と同じ場所で、同じ施設を用いて新たに設置運営される児童福祉法その他の法令によって要求される水準を満たした本件各新保育所において、概ね、本件各保育所と同水準の保育を、さらに希望により新たなサービスを受けることが可能なのである。そうすると、本件改正条例の施行による本件各保育所の市立保育所としての廃止をもって、抗告人（注、原告）らに行政事件訴訟法25条２項所定の回復困難な損害が生ずるものということはできない。」

この東京高裁決定は、旧規定の「回復困難な損害」について判断したものであるが、現在の条文の「重大な損害」であっても、同様の結論になると思われる。

最近の事例では、Ｆ裁判の川崎市小田中乳児保育園・小田中保育園事件の横浜地裁決定（2007年３月９日）やＧ裁判の八千代市立神津西保育園事件の千葉地裁決定（2007年３月30日）も執行停止申立てを却下した。この執行停止申立て裁判で原告・申立人の保護者は、保育の質の変容・低下、保育士交代に伴う混乱の発生（安全性の低下、子どもたちの不安、発育への悪影響など）を主張したが、「重大な損害」といえるほどのものであるとはいえない（明らかにされていない）と判断された。

３　「子どもの保育」に即した執行停止制度の運用を

2005年４月の行政事件訴訟法改正で、執行停止の要件は「回復困難な損害」から「重大な損害」へと、緩和の方向で改正された。裁判所は、この法改正の趣旨を十分に生かし、「重大な損害」を柔軟に解釈運用する必要がある。

保育所の廃止・民営化後では、取消訴訟の判決で違法が認められても、Ｄ裁判の横浜地裁判決のように事情判決が出される。

裁判で損害賠償が得られたとしても、当事者である親と子どもの侵害された権利は回復されない。そうだとすれば、親と子どもの権利を侵害する違法な公立保育所の廃止・民営化は、事前に（実施直後を含む）ストップさせることが重要になる。このための裁判が執行停止制度である。

これまでに執行停止申立てを却下した裁判所の決定では、民営化後の新保育所も児童福祉施設最低基準を満たした認可保育所であるから「重大な損害」が発生するおそれはないと判断する傾向がみられる。しかし、民営化後、新経営者のもとで新しい経営（保育）方針がとられ、保育士がガラリと入れ替わることなど（「小さい」ことをいえば、保育室内の机の配置の変更なども）が子どもの心に与える衝撃は大きい。子どもたちが保育所と家庭でいろいろな「異常行動」を示すことは、既に多くの事例で報告されている。親たちが廃止・民営化に同意・納得していない場合、子どもに生じた「混乱」は拡大する。子どもの心に刻まれた傷跡は容易に消えない。子どもに生じるこのような混乱、トラブルを「重大な損害」ととらえることは十分可能である。

以上のような観点から、換言すれば、国民の権利を救済する方向で執行停止制度の運用が図られることが求められるのである。

4　神戸地裁の「仮の差止め」決定―2007年2月27日

E裁判の神戸市立枝吉保育所廃止事件では、差止めの訴えが提起されていたので、裁判所に「暫定的」な判断を出してもらうために、「仮の差止め」が申し立てられた。「仮の差止め」の要件は、「償うことのできない損害を避けるため緊急の必要」である（行政事件訴訟法37条の5第2項。なお、この要件は「重大な損害」よりも厳しいと考えられている）。2007年2月27日、神戸地裁はこれを認める決定を出した。2005年4月の行政事件訴訟法改正により新しく制度化された「仮の差止め」第1号である。この結果、枝吉保育所廃止はストップさせられた。

この裁判の背景などについて、すこし説明しておこう。

神戸市では枝吉保育所の廃止・民営化を計画していたが、同保育所の保護者の大半はこれに強く異をとなえていた。しかし、同市は保護者の言い分にはまったく耳をかそうとせず、ひたすら07年3月31日限りでの同保育所廃止へ向けて突っ走っていた。3月31日限りで公立保育所を廃止・民営化するのであれば、保育所設置条例の改正は前年中に行われるのが通例である。しかし、神戸市は06年の12月議会にも設置条例の改正案を提案しなかった。同市は、07年の2月・3月議会に同改正案を提出することにしたのである。

神戸市との話合いによる枝吉保育所廃止・民営化問題の解決は不可能と判断した保護者たちは、裁判に訴えるしか方法がないと考えた。設置条例が改正されて同保育所の廃止が本決まりになっていれば、これまでの同種の裁判（高石市、大東市、枚方市、横浜市）のように保育所廃止処分の取消訴訟を提起するのだが、枝吉保育所の場合、いまだ設置条例は改正されていない。つまり、枝吉保育所の廃止処分はまだ行われていない。そのため、取消訴訟は起こせない。

そこで、07年２月・３月市議会での可決が確実視されている設置条例の改正の「差止め」を求める裁判（差止めの訴え）を提起することにし、06年12月に枝吉保育所の親たちの９割以上と園児が原告となった訴状を神戸地裁に提出した。差止めの訴えを提起しても、審理の途中で４月１日になると同保育所は廃止されてしまうので、これを阻止するため、「仮の差止め」を申し立てた

5　償うことのできない損害を避けるための緊急の必要

「仮の差止め」決定は、「償うことのできない損害を避けるための緊急の必要」がある場合に出すことができる（行政事件訴訟法37条の５第２項)。「償うことのできない損害」は、「重大な損害」や「回復困難な損害」よりも厳しい要件であると理解されている。したがって、この要件に該当するという判断を得ることは容易でない。

神戸地裁決定は、神戸市の計画によれば枝吉保育所を３月31日限りで廃止し、４月１日には民営化するにもかかわらず、引継ぎは３月26日から行う予定になっていることを問題視し、

「わずか５日間といった短期間での引き継ぎが可能であるとは到底考えられない」「わずか５日程度の共同保育及びその他の書面等による引継ぎにより、個々の児童の個性等を把握し、その生命、身体の安全等に危険が及ぶことのない体制を確立できるとはおよそ考えられない。」「関係者の多くが反対する中、わずか５日間だけの移管前共同保育による本件保育所の民間移管を強行すれば、これに伴って多大な混乱が起きる蓋然性は極めて高い」（下線は筆者）

と述べる。神戸地裁は、保護者と児童の保育所選択の利益の侵害も重視し、次のようにいう。

「（枝吉保育所の）民間移管に伴い……児童の生命・身体等に重大な危険が生ずるばかりか、保護者及び児童の保育所選択に関する法的利益も侵害される。」「児童福祉法24条は保護者に対してその監護する乳幼児にどの保育所で保育の実施を受けさせるかを選択する機会を与え、市町村はその選択を可能な限り尊重すべきものとしており、これは保護者に対して保育所を選択し得るという地位（入所後、当該保育所において、一定期間にわたる継続的な保育の実施を受ける地位を含む。）を法的利益として保障しているものと認められること、児童自身についても、直接の保育の対象であることから、上記の法的地位が認められるべきであることからして、かかる意味での保育所選択権であるというべきである。」「極めて不十分で実質的にみれば無きに等しい性急な共同保育を経ただけで市立保育所としての本件保育所を廃止してこれを民間移管することは」保護者らの「保育所選択に関する法的利益を侵害するものであり、社会通念に照らして金銭賠償のみによることが著しく不相当と認められる」。（下線は筆者）

以上のように、この決定は、「児童の生命・身体等に重大な危険が生ずる」おそれがある、あるいは、「保育所選択に関する法的利益」が侵害されると判断して、「償うことのできない損害を避けるための緊急の必要」を認めた。このように損害や利益侵害の発生の可能性が強いと神戸地裁が判断したのは、枝吉保育所を廃止・民営化する際の引継ぎ期間が、わずか5日間しか用意されていないことにあるようである。

引継ぎがまったく不十分であり、なされないといってもよいほどのものなので、子どもの生命や身体への重大な危険すら予想できる、それゆえに「償うことのできない損害」の発生の可能性が強いといわなければならないということである。ここまでいえるような事態でないと「償うことのできない損害」は認められないとすると、仮の差止め決定を得ることは簡単なことでない。

前述の執行停止についても同様のことがいえるであろう。

6　枝吉保育所廃止の違法性

「仮の差止め」決定を出すためには、さらに枝吉保育所の廃止・民営化に違法性がある（「本案について理由があるとみえる」行政事件訴訟法37条の5第2項）と判断される必要がある。この点について、神戸地裁は、公立保育所の廃止は市町村の「政策的な裁量判断にゆだねられている」といいつつも、次のように、枝吉保育所の廃止は違法であると判断した。

「保育所廃止に係る判断は無制約に許容されるわけではなく、当該保育所が保育所であるという施設の性質や入所中の児童や前記利益が尊重されるべきことを踏まえた上で、その廃止の目的、必要性、これによって利用者の被る不利益の内容、性質、程度等の諸事情を総合的に考慮した合理的なものでなければならない」と述べ、本件について、「市立保育所の廃止により財政状況を立て直す必要性があること自体は一応認められるものの……円滑な引継ぎのために行われる共同保育の計画期間、内容及び実行可能性当については計画自体において問題があり……きわめて不十分で実質的にみれば無きに等しい性急な共同保育を経ただけで市立保育所としての本件保育所を廃止しこれを民間移管することは」保護者らの保育所選択権を侵害する（違法である）といわざるを得ない。（下線は筆者）

以上のように保育所選択権の侵害という見解は、本書の考え方でもある。

枝吉保育所廃止事件——第２次「仮の差止め申立」——

2007年２月27日に「枝吉保育所を３月31日限りで廃止してはならない」旨の神戸地裁決定を受けた神戸市は、市議会に提出していた同保育所廃止条例案を撤回し、改めて廃止期日を市長の定める規則に委任した条例案を再提出し、３月20日、神戸市議会は同条例案を可決した。神戸市長は、規則で定める枝吉保育所の廃止日は７月１日（６月30日限りで廃止）とする旨を表明した。

原告側は、「３月31日限りで枝吉保育所を廃止する旨の処分をしてはならない」と請求した最初の「差止めの訴え」の変更を申し立てるとともに、改めて「再提出・可決された条例により同保育所を廃止する旨の処分をしてはならない」との「仮の差止め」を申し立てた（第２次「仮の差止め申立」）。これに対して神戸地裁は、３月23日、枝吉保育所を廃止する条例が制定され、「差止めの訴え」を取消訴訟に変更し、執行停止を申し立てることができるのだから、「仮の差止め」の必要性はないなどとして、申立てを却下した。なお、同地裁は、決定の理由の中で、約３か月間の共同保育（引継ぎ）期間が設けられ、民間移管がなされるなら、「少なくとも、本件保育所の市立保育所としての廃止により児童の生命、身体等に危険が及ぶなどの事態は回避できると考えられ……『償うことのできない損害』が生ずるということはできない」との判断を加えた。

Ⅴ　損害賠償請求

市町村が設置運営する保育所を、保護者の保育所選択権を侵害して違法に廃止・民営化した場合、損害賠償請求の対象となることがある。損害が発生したとき、損害賠償請求が認められる。

保育所廃止・民営化により発生する損害は、選択した保育所で継続的に保育を受ける利益の侵害であり、あるいは、廃止後、意思に反して他の保育所に就園させることによる種々の不利益（精神的不利益を含む）である。また、突然の転園、保育士の変更、保育方針の変更などにより、あるいは、民営化後の新しい保育所の運営の不十分さなどにより、子どもに戸惑い、不安定などの精神的な損害が生じ、これらが原因となって乱暴したり、ケガを負ったりもすることもある。このようなことも、保育所廃止・民営化による損害ととらえられる。

１　債務不履行による損害賠償を認めた大阪高裁

Ｂ裁判（大東市立上三箇保育所事件）の大阪高裁判決は、保育所廃止の違法性は認めなかったが、一審判決を取り消し、原告・

控訴人の保護者に損害賠償（慰謝料）の支払いを命じた（賠償額は１世帯あたり33万円）。その理由は次のとおりである。

保護者らは大東市との間で締結した「保育所利用契約に基づき、本件保育所が存続する限り、同控訴人（保護者）らの監護する児童らが就学するまでの間、本件保育所において保育を受ける権利を有していた」。園児らは本件保育所が廃止され、新保育園への入所を余儀なくされた。そのような場合、大東市は、園児らが新保育園において「心理的に不安定になることを防止」し、保護者の「懸念や不安を少しでも軽減するため……引継期間を少なくとも１年程度設定して、新保育園の保育士となる予定者のうちの数名に、本件保育所における主要な行事等をその過程を含めて見せたり……民営化以降も、数か月間程度、本件保育所において実際に本件各児童に対する保育に当たっていた保育士のうち数名程度を新保育園に派遣するなどの十分な配慮をすべき信義則上の義務（公法上の契約に伴う付随義務）を負っていた」。

しかし、大東市が「実際に行った引継ぎは、期間が３か月間のみであり」、また、４月１日の民営化以降は、「本件保育所の元所長１人を週に２、３回程度新保育園に派遣して指導や助言を行ったに過ぎなかったことが認められ、上記のような配慮をしたものであったとはいえないから、被控訴人（大東市）は、上記義務に違反した」。したがって、大東市は、保護者らに対し、「債務不履行に基づく損害賠償責任を負う」。（下線は筆者）

この判決が本件保育所の廃止・民営化に際し違法行為があったと判断したのは、保育の「引継ぎ」についてである。

この判決は、引継ぎが不十分であったために発生した具体的な問題について、次のように指摘・判断している。

「民営化以降、新保育園において、登園を嫌がる児童が存在したこと、児童に怪我が多く発生し、その発生状況について保育士が認識できていない事態があったり、児童が保育士の知らないうちに自宅に戻るなど、児童の安全に重大な危険が生じかねない状況もあったこと、５歳児クラスにおいて、保育士の話に集中せず、各自がバラバラの行動をとる混乱状態が生じたことが認められ、その主たる原因としては、上記の引継ぎの不十分さが考えられる」。

こうして、判決は、これらの「混乱状態」を精神的な損害ととらえ、慰謝料の支払いを命じた。

● この判決は、保護者と大東市の関係を「保育所利用契約」関係ととらえ、これに伴う付随義務」として、大東市は引継ぎにおいて「十分に配慮すべき信義則上の義務」を負うとした。保育所利用に関する市町村と保護者の法的関係を、この判決のように契約関係ととらえるか、そうではなく市町村が行う保育所入所決定処分により形成される関係ととらえるかは、今後の論争的な問題である。保育所廃止民営化裁判では、Ａ裁判の大阪地裁判決、Ｂ裁判の大阪地裁・高裁判決、Ｃ裁判の大阪地裁・高裁判決が前者の立場であり、Ａ裁判の大阪高裁判決およびＤ裁判の横浜地裁判決は後者の立場のようである（Ｅ裁判の神戸地裁決定、Ｆ裁判の横浜地裁決定はいずれであるかは不明である）。

なお、筆者は、市町村と保育所利用者の関係は「保育所入所（保育の実施）決定という行政処分により形成される契約的な関係」と考えている。

2　慰謝料支払いを命じた横浜地裁

横浜市立の４保育所の廃止の違法性を認めたＤ裁判の横浜地裁判決は、次のように述べて、原告（保護者と園児）１世帯当たり10万円の損害賠償を認めた。

「本件では……民営化を決定した本件改正条例（保育所設置条例を改正する条例）の制定行為を違法行為としてとらえれば足り、被告は、この本件改正条例の制定及びこれに起因する諸事情により原告らが共通に被ったと認められる損害を賠償すべきであるということになる。」

「保護者原告らは、共通して……本件民営化の計画を知らされて以来、被告の担当者らに反対の意思を表明してきたものの、結局は……予定どおり実施され、これに対する憤りや、引き継ぎ、共同保育の期間が十分でなかった等のことから児童の保育環境の悪化を心配し、心を痛めたものと認められる。」（下線は筆者）

この判決は、横浜市の国家賠償法１条１項による損害賠償責任（不法行為責任）を認めた。判決が認めた損害は、保護者と園児の個別的なものでなく、共通に被ったもののみである。

おわりに

裁判では、原告の権利や利益が違法に侵害されたかどうかが判断される。保育所廃止・民営化裁判では、廃止される保育所に就園している子どもとその親の権利や利益の侵害があったかどうかが判断される。一人の子どもでいえば、保育所に就園する期間は最長で６年である。この在籍期間中の子どもと親の権利を侵害しないように保育所を廃止・民営化すれば、裁判で行政の違法性が問われることはない。

そのため、保育所の廃止・民営化は時間をかけて行えばよく、「急ぎすぎの民営化はダメ」などといわれたりもしているようである。しかし、急ぎすぎはダメでゆっくりならばヨイ、という問題ではない。親と子どもの保育所選択権を侵害するようなことをしてはならない、これが保育所廃止・民営化の中心にすえられるべき問題である。

前述したが、長い間、厚生省児童家庭局とその当局者は、「その地域に当該児童福祉施設が必要であるにもかかわらず、財政上の理由等で廃止または休止されてはならないのは当然である。」（児童福祉法規研究会『最新児童福祉法、母子及び寡婦福祉法、母子保健法の解説』1999年、時事通信社、284頁）と説いてきた。現在、保育所の必要性はますます増大している。ところが、政府・厚生労働省は、まさに「財政上の理由」で公立保育所の廃止を推進している。

行政当局者からはしばしば、「廃止」でなく「民間移管」であるとの言い分が聞こえてくる。しかし、それは「廃止隠し」でしかない。また、それは「住民の福祉の増進を図る」べき市町村（地方自治法1条の2第1項）が、「住民の福祉を増進する目的をもつてその利用に供するため」に設ける公の施設（同前244条1項）である保育所を放棄することであり、行政の責務を否定する、天に唾するがごときものである。

現在進められている保育所の廃止・民営化に、ただちに同意できないゆえんである。

第2部

意　見　書

（横浜地方裁判所宛）

この「意見書」は2005年８月に横浜地裁に提出したものである。原文のままであるが、引用文献で最新版がある場合は、書名、該当頁などは最新版に改めた。

意　見　書

はじめに

本意見書では、本件に即して、①条例制定と抗告訴訟の対象、②保育所選択権、③特定の保育所で保育を受ける権利と保育所廃止、④児童が入所中の公立保育所の廃止と保育所選択権、の４点について、順次、述べることにしたい。

第１　条例制定と抗告訴訟の対象

１．条例制定と抗告訴訟の対象

本件は、横浜市保育所条例の一部を改正する条例（以下では「本件条例」という。）の制定・公布により４ヶ所の横浜市立保育所（以下では「本件保育所」という。）の廃止が行われたとして、抗告訴訟が提起された事件である。そこで、まずは条例制定が抗告訴訟の対象となり得るかどうかについて述べてみたい。

一般に法令制定行為が取消訴訟の対象になり得ないことはいうまでもないが、それが直接の法的効果を有する場合はこれを認める必要があることは、戦前から学説判例がこれを承認している。その例をいくつかあげよう。

(1) 学　　説

○美濃部達吉『日本行政法上巻』（有斐閣、1936年）924-925頁

「命令が直接に法律的効果を生ずる場合……には別段の行政行為あるを待たず命令に依つて直接に権利を毀損せらるるのであるから、其の命令自身が法律の所謂行政庁の処分に該当するものとして、これに対して直ちに行政訴訟を提起し得べきものと認めねばならぬ。」

本書はこのような説明の次に、「県知事が県令を改正して従来貸座敷営業を許可して居た地域の一部を営業許可区域の中から削除した」ことを違法とする営業者の提訴を適法な行政訴訟として認めた例として、行政裁判所の明治42年２月22日判決（行録20輯363頁）などをあげている。

○田中二郎『新版行政法上巻全訂第２版』（弘文堂、1974年）326頁

（取消訴訟の対象について）「立法（政令・府省令・条例・規則等）の形式で行なわれるものであっても、執行行為をまたず、直ちに人民に対し具体的効果を生ずる処分的性質をもつものは、ここでいう処分に含めて理解すべきである。」

○南博方『行政手続と行政処分』（弘文堂、1980年）119頁

「法令または条例など立法行為の形式で行なわれるものであっても、執行行為をまたず、ただちに国民に対し具体的効果を生ずる行為は、ここでいう処分に含めて理解すべきである。」

本書はこのような説明の次に、行政訴訟の提起が認められた例として、美濃部・前掲の行政裁判所判決および盛岡地裁昭和31年10月15日判決（行裁例集７巻10号2443頁）をあげる。

○塩野宏『行政法Ⅱ［第４版］行政救済法』（有斐閣、2005年）100-101頁

「通常の場合は法律・条例等は、一般的抽象的権利義務を定めるものであって、これによって行政主体と私人との間に個別具体の権利変動が生ずるものではないというので、これらについては処分性が否定される。この場合一般的行為に当たるかどうかは行為の形式ではなく実質によって判断される。条例でも実質的にみて具体的処分に当たるときには処分性ありとされる（一般論としてその可能性を認めるものとして、大阪高決昭和41・８・５行裁例集17巻７・８号893頁、料金変更を内容とする給水条例に処分性を認めたものとして、東京高判平成14・10・22判例時報1806号３頁がある。……）。」

○芝池義一『行政救済法講義第３版』（有斐閣、2006年）32頁

「法令や条例などの一般的抽象的規範またはその定立行為は、概念上、実体的行政処分に当たらず、したがって、取消訴訟の対象にはならない。その執行の段階において、具体的な紛争について、訴訟を起こすべきである……

しかし、執行の段階では有効に訴訟を提起できないことも考えられる。そこで、適用を受ける人の範囲が比較的に限定されており、かつ、具体的な執行行為を待たず直接に国民の権利義務に影響を与えるものについては、処分性を認める説が有力である」。

(2)　判　　例

判例については、まず、その動向を整理している最高裁判所事務総局行政局監修『主要行政事件裁判例概観３（改訂版）―地方自治関係編―』（法曹会、1999年）の叙述を紹介しよう。

「条例の制定行為は、一般的、抽象的規範の定立行為であるから、通常の場合には、抗告訴訟の対象となる行政処分に当たらないが、条例の制定自体によって、当該条例に基づく行政庁の具体的処分を待つまでもなく、個人の権利義務に直接具体的な影響を及ぼすような場合には、例外的に行政処分に当たると解すべきではないかとい

うことについて従前から議論がある。この点に関する裁判例としては、一般論としては右のような場合には条例も抗告訴訟の対象となる行政処分となり得るとしながらも、具体的な条例については、それ自体によって個人に対し直接具体的な権利義務の変動を請じさせるものではないから、行政処分に当たらないとしたもの……が多いようである。」（26-27頁）

このように述べた後、本書は、条例制定の処分性を否定した最近の例として、東京地裁平成７年12月６日判決（『判例地方自治』148号59頁。東京都千代田区立小学校廃止事件）を紹介し、また、これを肯定した例として、盛岡地裁昭和31年10月15日判決（『行裁例集』７巻10号2443頁。県職員の昇給延伸事件）、富山地裁昭和59年３月２日判決（『判例地方自治』４号77頁、市立小学校統廃合事件）、大津地裁平成４年３月30日判決（『判例タイムズ』794号86頁、公立小学校分校廃止事件）を紹介する（27-28頁）。

次に、前記大津地裁判決から関係部分を抜粋・紹介しよう。本件は、小学校の分校を廃止して本校に統合する旨の町の条例制定に関する訴えであり、同地裁は分校に就学している児童の保護者の無効確認の訴えについて、次にように判示し（判タ794号97頁）、その適法性を認めた。

「地方公共団体の制定する条例は、一般、抽象的規範を定立するものであって、通常は行政庁の具体的行為が介在しないと、個人の権利義務ないし法的地位に直接具体的な影響を及ぼさないから、原則として抗告訴訟の対象である行政処分に当たらない。しかし、このような立法行為の形式を採るものであっても、条例に基づく行政庁の具体的処分を待たずに、条例そのものによって直ちに個人の権利義務に直接具体的な影響を及ぼすものについては、それは純粋な立法にとどまらず、立法の形式を借りた行政処分でもあり、例外的に抗告訴訟を提起し、その効力を争うことが許されると解される。」

「営造物は公共性があるからといって、住民の利用したいという一方的な意思だけで利用できるものではなく、行政庁がその利用を受諾しなければ利用できないので、一般住民の営造物利用権は抽象的権利にとどまる。したがって、本件条例は、一般住民との関係では、直接には住民個人の権利義務に変動を生じさせない。しかし、就学中の児童の保護者は学校教育法22条、39条によりその子女を小中学校に就学させる一般的な義務を負っているが、同法施行令６条１項、２項の就学指定は保護者に対し具体的にその子女を特定の学校に就学させる義務を生じさせる効果を有するもの、すなわち営造物である特定の小学校に具体的利用関係を生じさせるものであるから、保護者はその子女を当該学校で法定の義務年限は授業を受けさせる権利乃至法的利益を有すると解され、条例による当該小学校の廃止によって、直接、これを利用する利益を失うことになる。したがって、本件条例は右保護者との関係では抗告訴訟の対象たる処分と解される。

原告就学保護者は、現に萱原分校にその保護する児童を通学させていることは当事者に争いがなく、それにより萱原分校について具体的な利用関係が生じていると認められ、萱原分校の廃止によって当然に、その後になされる学校就学指定処分等を待たずに、萱原分校を利用する利益を失うことになる。したがって、少なくとも原告就学保護者との関係では、本件条例は、抗告訴訟の対象たる処分に当たると解される。」

なお、いわゆる訴えの成熟性について、大津地裁は次のように判示している。

「本件条例の施行日は平成５年４月１日であるが、本件条例は同日の到来により行政庁の具体的処分を待たず萱原分校廃止の効力を生ずること、本件公布後被告委員会（多賀町教育委員会、筆者）は平成２年10月10日多賀町立学校通学区域に関する規則の一部を改正し、同月11日公布したことが認められる。したがって、本件条例は直接菅原分校の利用関係に変動をもたらすものであるうえ、施行日前でも本件条例の施行を前提とした準備行為がなされていることから、単なる事実行為あるいは内部的行為に止まるとは解されない。したがって、訴えの成熟性に欠けることはない。」

これに対して、東京都千代田区立小学校廃止事件では、前記の東京地裁判決だけでなく、上告審の最高裁一小平成14年４月25日判決（『判例地方自治』229号52頁）も保護者はその子に「具体的に特定の区立小学校で教育を受けさせる権利ないし法的利益を有するとはいえないとし、本件条例が抗告訴訟の対象となる処分に当たらないとした原審の判断は、正当として是認することができる」と判示した。

大津地裁判決と最高裁一小判決とでは具体的な結論が正反対になっているが、判断が異なったのは、特定の学校（分校）に就学する権利ないし利益が認められるとするか否かによるということができる。

⑶　ま　と　め

以上のように、学説判例は一貫して条例制定などの立法行為であっても、個人の権利義務に直接具体的な影響を及ぼすものについては、抗告訴訟の対象となり得るとしているということができる。

２．本件条例の制定について

本件では、本件条例の制定により、本件保育所に入所している児童の本件保育所において保育を受ける権利が直接に侵害されているのではないかということで、抗告訴訟が提起されている。

いうまでもないことであるが、横浜市が設置する保育所は地方自治法244条にいう公の施設であるから、その設置および管理に関する事項は条例で定めなければならない（地方自治法244条の２第１項）。

本件条例は本件保育所の廃止を内容としており、その施行日は平成16年４月１日であり、本件保育所は既に廃止された。その結果、原告らは同日以降も本件保育所で保育の実施を受ける（受けさせる）権利（後述）を侵害されたのは明らかである。

なお、市町村が児童福祉施設を廃止・休止しようとするときは、「厚生労働省令で定める事項を都道府県知事に届け出なければならない」（児童福祉法35条６項）が、この届出は児童福祉施設の廃止・休止の効力要件ではない（行政手続法37条参照）。

以上のように考えれば、本件条例の制定を争う本件抗告訴訟が、その対象において、また、成熟性において問題ないことは多言を要しない。

第２　保育所選択権

１．児童福祉法24条の平成９年改正の趣旨

１）　児童福祉法は平成９年の第140回国会において改正され（法律74号。以下では「平成９年改正」という。）、改正法は平成10年４月より施行された。これにより保育所入所について規定する同法24条は大きく改められた。

改正前の条文を示そう。

「市町村は、政令で定める基準に従い条例で定めるところにより、保護者の労働又は疾病等の事由により、その監護すべき乳児、幼児又は第39条第２項に規定する児童の保育に欠けるところがあると認めるときは、それらの児童を保育所に入所させて保育する措置を採らなければならない。ただし、付近に保育所がない等やむを得ない事由があるときは、その他の適切な保護を加えなければならない。」

同条は一部改正のうえで改正後の24条１項とされ、さらに24条に

２項から５項までが追加された。１項では改正前と同じく「保育に欠ける」児童を保育所に入所させる市町村の義務が規定されているが（本文）、新たに保護者からの申込み手続を定め、また、改正前の「保育所に入所させて保育する措置を採らなければならない」が「保育所において保育しなければならない」に改められた。２項では入所を希望する保育所等を記載した申込書の市町村への提出（前段）と申込書提出の保育所による代行（後段）、３項では入所申込みがなされた児童の公正な方法による選考が規定されている。

２）　平成９年改正の改正法案（児童福祉法の一部を改正する法律案。以下では「改正法案」という。）の趣旨について、平成９年３月21日、小泉純一郎厚生大臣は参議院本会議において（参議院先議）次のように説明した（『官報号外』平成９年３月21日第140回国会参議院会議録11号１頁）。

「第一は、児童保育施策等の見直しであります。

まず、保育所について、市町村の措置による入所の仕組みを、保育所に関する情報の提供に基づき、保護者が保育所を選択する仕組みに改めるとともに、保育料の負担方式について、現行の負担能力に応じた方式を保育に要する費用及びこれを扶養義務者から徴収した場合における家計に与える影響を考慮した方式に改めることとしております。

次に、保育所は、地域の住民に対し、その保育に関し情報提供を行うとともに、乳幼児等の保育に関する相談、助言を行うよう努めなければならないこととしております。

また、放課後児童健全育成事業を社会福祉事業として制度化し、その普及を図ることとしております。」

以上が、保育所と児童健全育成事業を含めた「児童保育施策等の見直し」に関する説明部分のすべてである。その冒頭で厚生大臣は、保育所入所について「市町村の措置による入所の仕組み」から「保護者が保育所を選択する仕組み」に改めると説明している。このような説明は、改正法案を審議した第140回国会の衆参両院の厚生委員会において、同大臣および厚生省関係者が繰り返し行っている。

平成９年改正における保育所入所の仕組みの改革の趣旨について、やや詳しく説明しているものとして、1999年に刊行された児童福祉法規研究会編『最新児童福祉法・母子及び寡婦福祉法・母子保健法の解説』（乙24号証。本書は厚生省児童家庭局編『改訂児童福祉法・母子及び寡婦福祉法・母子保健法・精神薄弱者福祉法の解説』時事通信社、1991年の改訂版であり、編者名は変わっているが、実質的な編者が同局であることに変わりなく、平成９年改正に関する厚生省児童家庭局またはその当局者の見解が記されているとみられる。）がある。同書は、児童福祉法24条の改正の趣旨について次のように説明する。

「（改正前の同条の問題点について。筆者）保育所の入所は、市町村が、保育に欠けると認める児童を措置により保育所に入所させる仕組み（いわゆる措置制度）となっており、事実上、入所にあたって市町村が保護者に希望を聴くことはあっても、保育所、保育サービスの選択権が利用者にはなかった。これに対応して、保育所側に利用者の選択に対応して、利用者の需要をふまえた保育サービスを自主的に提供するという誘因が働きにくく、サービスが画一的・硬直的になりやすいという問題があった」と認識し、このような問題を改めるため、「措置（行政処分）による入所方式から、保護者が……入所を希望する保育所を選択して、申し込みに基づき市町村と保護者が利用契約を締結する仕組みに見直したものである。」（167頁）

これを整理すれば、従前の同法24条による保育所入所制度では、利用者側に保育所・保育サービスの選択権がなかったが、平成９年改正で①保護者が保育所を選択できるように、②申込みに基づく保育所入所制度に、③措置（行政処分）による入所から市町村と保護者との契約による入所に改められたということである。

２．保育所選択の権利

児童福祉法規研究会・前掲書は、前記の引用文につづけて保護者による保育所選択について、次のように説明する。

「平成９年の法改正前においては、保育に欠ける乳幼児等の保育所入所を市町村の措置という行政処分によって実施していた。ここでは、事実上、保護者からの申請によって保育所入所が行われることが通例であったが、この申請は法律上の位置づけとしては行政処分の端緒として行われるものに過ぎず、保護者の意思表示は前提とされていなかった。また、入所の申し込みにあたって、保護者から保育所の希望を聴いて保育所入所を行う運用が行われていたが、これは入所調整にあたっての事実上・便宜上の取り扱いに過ぎず、児童をどの保育所に入所させるかは市町村の広範な裁量に委ねられており、保護者の保育所の選択は制度上保障されていなかった。

平成９年の法改正後は、保育所入所方式を、保護者が希望する保育所等を記載して申し込むという意思表示を前提としたうえで、これに対して市町村が保育に欠ける乳幼児かどうかの事実確認をし、その保育所の受け入れ能力がある限りは、希望どおりに保育所入所を図らなければならないこととし、保護者の選択を制度上保障したものである。」（167-168頁）

この説明によれば、平成９年改正の前は、どの保育所に入所させるかは市町村の広範な裁量に委ねられていた、保護者から保育所の希望を聴いて保育所入所を行う運用が行われていたとしても、これは入所調整にあたっての事実上・便宜上の取り扱いに過ぎなかったが、改正後は、保護者が申込書に記載した希望保育所に受け入れ能力がある限りその保育所に入所を図らなければならなくなったということである。「これにより、利用者の意思表示を前提として保育所入所が行われ、保育所入所・選択の権利が明確になるなど、利用者の立場を尊重した制度となる。」（168頁）と同書は説明している

（前述のように、同趣旨の説明は第140回国会において厚生省当局者が繰り返し行っているが、いちいち引用・紹介しない。)。

以上の説明から明白であるが、厚生省は平成９年改正によって保護者に保育所選択の権利（保育所選択権）が保障されることになったと説明し、理解していたのである。付言すれば、保育所選択権の承認は、この改正の最大の目的であった。

３．保育所選択権の内容

ここでは、保育所選択権とはどのような権利であるについて検討したい。

１）既に明らかであるが、保護者が申込書に記載した希望する保育所（複数記載が通例である。保育所入所申込書の様式につき後記の平成９年９月25日厚生省児童家庭局長通知に付されている第１号様式参照）に受け入れ能力がある限り、市町村はその保育所に入所させなければならない。したがって、保育所選択権とは、保育所入所にあたり保護者が申込書に記載した希望保育所以外の保育所に入所決定されない権利である。

厚生省児童家庭局長通知「児童福祉法等の一部改正について」（平成９年６月11日、児発411号）は、「市町村は、一の保育所について申込児童のすべてが入所するときに適切な保育が困難になる等の場合には、入所児童を公正な方法で選考できるものとすること。」という。つまり、選考は保育所ごとに行うのであり、選考の結果、入所させることができない（保育の実施を行わない）と判断した者については、「保育所入所不承諾通知書」を交付する（厚生省児童家庭局長通知「児童福祉法等の一部を改正する法律の施行に伴う関係政令の整備に関する政令等の施行について」平成９年９月25日、児発596号)。希望しない他の保育所に定員空きがあるからといって、他の保育所に入所させるという「選考」はあり得ない。

２）　希望保育所に入所した児童は、当該保育所で保育の実施を受ける権利を有する。入所後に市町村の一方的な判断で当該保育所以外の保育所で保育の実施を受けさせられること（つまり、意に反する転所・転園）はない。これが保育所選択権の第２の意味である。市町村による意に反する転所・転園が行えるとするならば、保育所選択権は絵に書いた餅である。

３）　希望保育所に入所した児童は、当該保育所においていつまで保育の実施を受ける権利を有するのであろうか。平成９年改正の前は、一般に保育所入所措置期間は６カ月とされていたが、改正の後、厚生省はこれを次のように改めた。

厚生省が示した保育所入所申込書（前述）には「保育の実施を希望する期間」の記入欄があり、その「記入上の注意」書の３に「小学校就学始期に達するまでの４の保育の実施を必要とする理由に該当すると見込まれる期間の範囲内で記入してください。」と書かれている。市町村長が保育所入所決定者に送付する「保育所入所承諾書」（前記の厚生省児童家庭局長平成９年９月25日通知に付されている第３号様式）には「保育の実施期間」を記入する欄があり、そこには「申込者からの保育の実施希望期間の範囲内で、小学校就学始期までの保育に欠けると見込まれる期間を記入すること」とされている（平成９年９月19日厚生省児童家庭局実施の「全国児童福祉主管課長会議資料」55頁。なお、同局保育課長による同趣旨の説明は旧厚生省のホームページ掲載のこの課長会議の「会議録」の中に見ることができる。）。

本件の原告らについていえば、保育の実施期間がそれぞれ平成17年３月31日、同18年３月31日、同19年３月31日、同20年３月31日、同21年３月31日となっているが、これは上記のような厚生省の新しい方針に従ったからである。

こうして、平成９年改正の後は保育の実施期間として市町村長

（福祉事務所長）が定めた期限まで、児童は希望（選択）して入所した保育所において保育を受ける権利を有することになる。

したがって、原告らは、上記の保育の実施期間の間、入所した保育所で保育を受ける（受けさせる）権利を有するのである。

4）ところで、本件の執行停止申立事件の東京高裁平成16年３月30日決定（『判例時報』1862号151頁）は、保育所選択権について、「希望どおりに保育所入所を図るべき旨を規定したものであり、これをもって当然に特定の保育所を一定の年限の間利用し続けることについて保護者の具体的な権利、利益を保障したものとはいえない」と判示するが、この判断が適切でないことは、上述のところから明らかであろう。

第３　特定の保育所で保育を受ける権利と保育所廃止

1）児童が入所した保育所が適法に廃止され、存在しなくなってしまえば、保育の実施期間の満了以前でも、当該保育所で保育を受ける権利は消滅すると解するほかないであろう。問題は「適法な保育所の廃止」とはどのような場合をいうのかである。

例えば、災害により保育所の施設が壊滅してしまったとき、あるいは、私立保育所の設置者が破産してしまったときなどは、一見、保育所の廃止を認めざるを得ないように考えられなくもない。しかし、このような場合であっても、法的・観念的には保育所は存在しているのであり、最終的に廃止するかどうかの決定・手続が必要である。そして、例としてあげたような極端な事例であっても、応急的な措置を講じて児童の保育が行われる場合が多いと考えられ、保育所廃止を避ける努力がなされるのが通例であり、直ちに保育所廃止やむなしとならない場合が多いのではないだろうか。

2）同一市町村内に複数の公立保育所が設置されているが、特定の保育所が諸種の理由により極端に入所者が少なく、将来的にも入所者数の回復がまったく見込めないとき、その市町村の経営合理化の見地から公立保育所の統廃合が行われることがある。このような市町村経営の合理化のために行う公立保育所の廃止は、当該保育所に入所している児童の保育を受ける権利を侵害しない形で行われるのであれば問題ないであろうが、入所児童の権利を侵害するようなそれは違法であるといわざるを得ない。具体的にいえば、現に入所児童がいて保育の実施期間が残っている場合は、その児童の卒園または転所・転園をまって行う当該保育所の廃止でない限り違法である。このような廃止の仕方は、周知のように高校や大学（生徒・学生が選択して入学した学校ということができる。）の廃止にあたっては広くに行われている（具体的な手順をいえば、まずは新規の募集を停止する。そして、在校生・在学生が卒業した後に学校、学部、学科などの廃止手続をとる。）。

３）　児童福祉法規研究会・前掲書の児童福祉施設の廃止または休止に関する説明を紹介しよう。

「国または都道府県は、すでに設置し経営している児童福祉施設を廃止または休止することができる。廃止または休止する場合は現に入所している児童の処置につき十分の考慮をはらい、いやしくも一時的であれその福祉が害されるようなことがあってはならない。

またその地域に当該児童福祉施設が必要であるにもかかわらず、財政上の理由等で廃止または休止されてはならないのは当然である。」（284頁）

この説明は保育所選択権を意識したものではないが、前段の「現に入所している児童の処置につき十分の考慮をはら」うという叙述は、保育所の廃止についていえば、児童と保護者の保育所選択権を考慮し、これを侵害しないようにしなければならないということを意味するということができるであろう。また、後段の財政上の理由を保育所の休廃止の理由としてはならないという叙述は、熟読玩味されなければならない。

第４　児童が入所中の公立保育所の廃止と保育所選択権

ここでは、高石市立東羽衣保育所廃止事件の大阪地裁平成16年５月12日判決（『賃金と社会保障』1385・1386合併号103頁）を手がかりとしつつ、児童が入所している公立保育所の廃止が許されるのか否かを検討する。

１．保育所の廃止と地方公共団体の裁量権

⑴　大阪地裁判決の考え方

判決は、「当該地方公共団体が現に行い、あるいはこれから行おうとする様々な施策の内容や当該地方公共団体を取り巻く様々な要因を総合的に勘案し、公の施設を設置し、管理し、あるいは廃止することができると解すべきであって、公の施設の設置、管理及び廃止については、地方公共団体ないしその長の広範な裁量に委ねられていると解するのが相当」であり、公の施設である本件保育所の廃止は、被告ないし被告の長の「広範な裁量に委ねられた事項」であって、「その裁量権の行使に逸脱ないし濫用が存した場合に初めて本件保育所の廃止が違法となるものと解される」という。

このように判決は、公の施設の設置、管理、廃止を区別せずに、地方公共団体の広範な裁量に委ねられているとし、本件保育所の廃止について、被告の広範な裁量を承認しているので、まずこの点について検討したい。

(2) 公立保育所の設置・廃止と地方公共団体の裁量

判決は、公の施設一般について、その設置、管理、廃止が地方公共団体の広範な裁量に委ねられているとし、そこから直ちに本件保育所についても同様であるとの結論を導き出している。

しかしながら、このように公の施設の設置者に広範な裁量権を承認する見解は、行政法学説ではとられていない。

戦前、既に美濃部達吉博士は大著『日本行政法下巻』（有斐閣、1940年）において、「管理者は公物を其の公の目的に適するやうに維持保存すべき義務あるものであるから、自由に其の公用を廃止し得べきものではなく、唯其の公の目的に供用すべき必要の失はれた場合にのみこれを為し得べきものである」（795頁）と説いていた。戦後の行政法学説でも、営造物あるいは公企業の利用関係の終了と関係づけて、その廃止に触れるものがある。例えば、原龍之助『公物営造物法』（旧版）（有斐閣法律学全集、1957年）は、「営造物は、その性質上、自由にこれを廃止することができないのが原則である。しかし、正当な理由に基き、一定の手続にしたがって廃止されたときは……」（144頁）と述べる（ただし「正当な理由」に基づく廃止とはどのようなものかについては述べていない。）。

ところで、公の施設といっても多種多様であり、目的、性格、法的規律のあり方は各公の施設により異なる（例えば、道路と小・中学校の違いを想起されたい。）。そのような違いを考慮せずに、公の施設一般について議論した結論を直ちに保育所に適用することは適切でない。

地方公共団体が設置する保育所は公の施設であり、地方自治法が適用される。これと同時に、保育所については児童福祉法が適用される。そこで、同法が保育所の設置・廃止についてどのように規律しているかについてみておく必要がある。

まず設置について。児童福祉法35条３項は、「市町村は……都道府県知事に届け出て、児童福祉施設を設置できる。」と定める。この規定は、市町村による保育所設置の手続を定めたものであり、これ以外に市町村による保育所設置について定めた規定は見当たらない。では、それは市町村の広範な裁量に委ねられているのであろうか。

筆者は必ずしもそうは考えない。児童福祉法24条１項には「市町村は……児童の保育に欠けるところがある場合において、保護者から保育の申込みがあつたときは、それらの児童を保育所において保育しなければならない」と市町村の保育義務が規定されており、この義務を市町村が履行しようとすれば、保育所が必要なだけ存在している必要があり、もしそれが不足する場合、市町村は保育所を設置し、あるいは、定員確保などの整備をしなければならない。言い換えれば、このような場合、市町村の保育所設置・整備についての裁量はかなり狭められているのである。

次に、市町村の設置する保育所の廃止についてはどうであろうか。児童福祉法35条６項には市町村が児童福祉施設を廃止・休止するときの都道府県知事への届出が定められているが、これ以外に保育所廃止について定めた規定は見当たらない。だからといって、それが市町村の広範な裁量に委ねられているというのは早計であろう。例えば、市町村の区域内にいわゆる待機児童が大量にいる場合、その市町村が保育所を廃止することは、直接的に住民の権利を侵害するといえるかどうかはともかく、市町村の裁量権の行使として妥当とはいえないであろう。

現に保育所に児童が在籍している場合にその保育所を廃止することが、設置者の広範な裁量に委ねられているといえるであろうか。本件はまさにこのような場合であるので、項を改めて検討する。

2．保育所廃止と「保護者が選択した保育所で保育受ける権利」

⑴　大阪地裁判決の考え方

大阪地裁判決は、「保護者が選択した保育所で保育を受ける権利」、つまり保護者の保育所選択権を承認し、それは保護者と市町村との間で締結された「利用契約の存続期間中保護されるべきものと解されるから、上記保護者は、同利用契約の存続期間中、当該保育所が存続しているにもかかわらず、その意に反して他の保育所への転園を強要されることなく、当該保育所において保育を受ける権利を有するものと解するのが相当である。」と判示する。

東羽衣保育所廃止事件も本件も、「保護者が選択した保育所で保育を受ける権利」が存続している期間中に本件保育所が廃止された事件である。そのような保育所の廃止は、保護者の保育所選択権を侵害しているのではないかという疑問を呈する余地がある。この疑問を排除するために、大阪地裁判決は、「保護者の選択した保育所において保育を実施することを内容とする利用契約は、あくまでも当該保育所が存続することを前提とするものであり、市町村がその有する広範な裁量により当該保育所を廃止することがあり得ることは、当該保育所の公の施設としての性格からくる制約として当該利用契約において前提とされている」、「本件においても、原告らは、本件保育所が存続することを前提として、被告との間で……利用契約を締結したものというべき」であるとの考え方を採用する。

したがって、この判決によれば、保護者の保育所選択権は、「当該保育所が存続している」限りで承認されるものでしかないということになり、市町村は、保護者が選択した保育所で保育を受ける権利を考慮することなく、当該保育所を廃止できることになる。本意見書では、このような考え方が妥当であるかどうかについて検討する。

⑵　公の施設の廃止と住民・利用者の権利の関係

１）　戦後の行政法学は、公の施設が廃止された場合、その利用者や住民の権利利益はどのように解されるかという問題を論じている。

学説は、当初、道路など自由使用・一般使用の公の施設や利用するたびに利用関係が形成される公の施設の利用、換言すれば継続的に利用関係が形成されているのではない公の施設の利用を念頭において、公の施設の廃止や供用の停廃止と住民・利用者の権利利益の関係を考察していたようである。そして、これについては、原龍之助・前掲書144頁の、営造物が「正当な理由に基き、一定の手続に従って廃止されたときは、利用者は、これに対し、普通の債務不履行又は不法行為の理論をもって対抗することができない」というのが、通説的な見解であったとみてよい。

２）　その後、このような見解は見直しされるようになる。その背景にあるものは、昭和30年代以降、公の施設その他の公共用物の設置・廃止等に関する裁判例の一定の集積である。

最高裁昭和39年１月16日第一小法廷判決（民集18巻１号１頁）は、「地方公共団体の開設している村道に対しては村民各自は他の村民がその道路に対して有する利益ないし自由を侵害しない程度において、自己の生活上必須の行動を自由に行い得べきところの使用の自由権（民法710条参照）を有するものと解するを相当とする」と判示した。それまでは、公共用公物が設置管理されたことの反射的効果として道路を通行できるにすぎないと解されていたのであるが、この最高裁判決は住民の村道通行の「自由権」を承認した。国立歩道橋事件の名で知られる東京地裁昭和45年10月14日決定（行集21巻10号1187頁）や環境衛生センター建設事件広島地裁昭和46年５月20日（判時631号24頁）では、近隣住民の訴えの利益（原告適格・申請人適格など）が認められた。学校統廃合に関する、中学校廃止処分取消請求事件盛岡地裁昭和37年７月９日判決（行集13巻７号1331頁、）や分校廃止処分不存在確認請求事件仙台高裁昭和46年３月24日判決（行集22巻３号297頁）では、就学児童・生徒の保護者であれば訴えの利益は認められるとの見解が示された（これら学校統廃合事件では、公の施設を継続的に利用する権利とその廃止が問題とされている。）。

３）　これらの判決・決定を踏まえて、行政法学では、公の施設の利用の権利、公の施設の廃止と住民・利用者の権利利益の関係が活発に検討されるようになる。そして、この問題について戦後当初の行政法学説を代表していたといってよい原・前掲書の改訂新版である『公物営造物法（新版）』（有斐閣法律学全集、1974年）は、471～473頁で「公共施設の廃止」について詳細に検討し（関連した検討が254～261頁でもなされている。）、結論として、次のような新しい見解を提示した。

「たとえば、鉄道・軌道・道路・病院等の公共施設についても、これらの施設が社会公共の福祉のための給付行政として行なわれ、本来授益的性質をもつものであるが、少なくとも、これらの施設の利用が住民の日常生活と密接に結びついているものである限り、鉄道・軌道等の廃止、道路の路線の廃止、病院の統合による特定の病院等の廃止によって、従来の利用者の日常生活が著しく不便になり、あるいは具体的な生活利益が侵害されるような場合には、利用者は法律上保護される利益の侵害として、その廃止処分を違法として、その取消を求める訴えの利益を有するものということができるであろう。」（473頁）

４）　最近の行政法学では、以上の原氏のような見解が通説であるといってよい。

塩野宏『行政法Ⅲ〔第３版〕行政組織法』（有斐閣、2006年）は次のように述べる。

「公物法一般理論においても、公用廃止は、管理者の完全な裁量に属するものではなく『管理者は公物を其の公の目的に適するやうに維持保存すべき義務あるものであるから、自由に其の公用を廃止し得べきものではなく、唯其の公の目的に供用すべき必要の失はれた場合にのみこれを為し得べきものである』（美濃部・日本行政法下巻795頁）とされていたところである。さらに、一般使用といっても、……利用形態の如何によっては、その者の利益を公衆の利益一般に吸収しえない場合があることに注意しなければならない。このような実体公物管理法の規律及び現実の利用状況を前提とするならば、利用者のなかでも、生活上の特段の利益を有する者に着目して、この者に原告適格を認めることは、最高裁判所の判断枠組み……の範囲内にあると解される。」（346頁）

念のため指摘すれば、この塩野氏の説明は、公の施設の一般使用を念頭においたものである。

原田尚彦『新版地方自治の法としくみ（改訂版）』（学陽書房、2005年）も次のように説く。

「公共施設をどのように設置し配置するかは、原則として地方公共団体の政策的判断に委ねられている。個々の住民に、特定の施設の設置やその存続を要求する権利が当然に認められるわけではない。……しかし、今日、自治体住民は住民の生活必須施設を少なくとも住民のシビル・ミニマムを保障できるよう配置すべき法的責務を負うから、施設の廃止等によって特定の住民の生活がいちじるしく困難となり生存権の侵害を招くような特段の事情がある場合には、例外的に、当該住民に施設の存続を求める法的権利が承認される余地があると解される」（189頁）。

５）　以上の見解は、公の施設・公共施設廃止処分取消訴訟の訴えの利益・原告適格を中心にして述べられているが、住民・利用者の法律上保護される利益が違法に侵害されている場合、裁判所はその取消しを命じ得るとするものである。

以上のような最近の行政法学の通説的な立場によれば、公の施設の廃止については、その入所者・利用者の権利と関係づけて考察しなければならないということができる。

ところで、３）および４）で紹介した諸学説は、公の施設の利用形態の違い、すなわち、いわゆる自由利用・一般利用の公の施設、利用のつど許可・特許を得る公の施設および継続的な利用者がいる公の施設という違いを十分に意識して、その廃止について考察しているとは必ずしもいえないように思われる。諸学説は、主に前二者つまり現に継続的な利用関係にない公の施設を念頭におき、その廃止により住民の利用権が侵害されるのはどのような場合か、という問題について述べているといってよいであろう。そのため、諸学説は、「従来の利用者の日常生活が著しく不便になり、あるいは具体的な生活利益が侵害されるような場合」（原）、「利用者のなかでも、生活上の特段の利益を有する者に着目して」（塩野）、「特定の住民の生活がいちじるしく困難となり生存権の侵害を招くような特段の事情がある場合」（原田）などと、訴えの利益・原告適格あるいは廃止の違法性が認められる場合をかなり限定しようとしている。

６）　本件では、保育所という公の施設を現に利用している者がいる場合に当該保育所を廃止することは、利用中の者の権利の侵害になるのではないか、ということが問題となっている。言い換えれば、継続的な利用関係にある公の施設の廃止の当否が争われている。具体的にいえば、原告らはそれぞれ平成17年度から同20年度の各年度末まで本件保育所に在籍できる（在籍させることができる）、つまり本件保育所を利用することが契約上認められている（このことは大阪判決も承認している。）ことになっている。そのような本件保育所の利用契約の存続期間中の廃止は、利用者である原告らの本件保育所を利用する権利（保育所選択権）の侵害に当たるのではないか、という問題が本件の核心である。

このような場合の公の施設である保育所の廃止については、その利用権・保育所選択権という具体的な権利の侵害があるかどうかをみて、その違法性の認定をしなければならない。

⑶　結　　論

本件では、原告らの児童は現に本件保育所に入所・利用しており、しかも、それは契約上今後さらに数年間認められている控訴人らの権利である。そのような保育所の廃止は、「保護者が選択した保育所で保育を受ける権利」の侵害であり、違法であるというほかない。付言すれば、本件と事案は異なるが、参考になるところがあるので松江地裁益田支部昭和50年９月６日決定（『判例時報』805号96頁）を紹介しておきたい。この決定によれば、私立保育所と保護者との間には児童を保育すべき契約が成立しており、保護者はこの契約の趣旨に則り児童の保育を善良な管理者の注意義務をもって履行すべきことを請求する権利を有しているとして、私立保育所の閉鎖（休止）の続行禁止を求める保護者の仮処分申請を容認している。

３．本件保育所の廃止に伴う転園と保育の実施の解除

１）　本件保育所の廃止により、児童らは転園を強いられた。大阪地裁判決は、このような転園は児童福祉法33条の４にいう保育の実施の解除に当たらないとして、次のように判示する。

「児童福祉法の規定は……保護者が選択した特定の保育所において保育を実施することをもって。『保育の実施』とするものではなく、『保育所における保育を行うこと』をもって、『保育の実施』と定義付けているのであり、同法33条の４にいう保育の実施の解除も、市町村が保育所における保育を行うことを解除する場合をいうものと解するのが相当である。」「特定の保育所において保育を受けていた児童が他の保育所に転園する場合や、あるいは、当該保育所が民

営化されたことに伴い、民営化後の保育所において保育を受けることとなったような場合は、同法33条の４にいう保育の実施の解除には当たらないと解すべきである。」

この判決は、要するに、保育の実施の解除とは、「保育所における保育を行うこと」を解除することをいうのであり、転園は入所保育所（保育を受ける保育所）を変更するだけであり、「保育所において保育を行うこと」を解除していないから、保育の実施の解除に当たらないといっている。したがって、原判決は、保育の実施は「特定の保育所において保育を行う」ことまで意味するものではないと解している。

このような大阪地裁判決の転園および保育の実施の解除のとらえ方は、児童福祉法の関係条文の規定からみても妥当でなく、また、保育所入所行政の実際にそぐわないというほかない。以下では、その理由を述べる。

２）　児童福祉法24条２項では、保育の実施とは「前項に規定する児童について保育所における保育を行うこと」と定義している。この規定のしかたから、大阪地裁判決は、「保育の実施」とは「保育所における保育を行う」ことをいうと理解するようである。しかし、「保育所における保育を行う」ことは、保護者からの申込みに基づき、市町村がこれを決定して行われ（同条１項）、この決定は申込書に記載された保育所ごとに行われることになっている（同条３項はこの旨を意味する。）。したがって、保育の実施は、同条１項に基づき、申込書に記載された特定の保育所ごとに行われると解される。なお、保育の実施が同条１項に基づいて行われるものであることは、児童福祉法施行規則24条１項１号の規定からも明らかである。

以上のように理解されるので、横浜市保育所保育実施条例（昭和62年３月５日条例１号）１条に「この条例は、児童福祉法……第24

条第1項の規定に基づき、保育に欠ける児童について保育所において保育を実施すること……に関し必要な事項を定めるものとする。」と規定し、保育の実施が同項に基づくことを明らかにしている。

3）次に、以上のような理解は、保育所入所行政の実際に即していることを指摘したい。

「保育の実施を希望する保護者は、『保育所入所申込書』……に必要事項を記入した上で、その居住地の市町村……あてに当該入所申込書を提出する」。入所申込書には、入所希望保育所名や保育の実施を希望する期間などが記入されることになっている。入所申込みの審査・選考は、希望保育所ごとに行われる。「市町村は、保育の実施を決定した児童ごとに……保護者に対して『保育所入所承諾書』……を交付し、あわせて入所保育所に対しても当該入所承諾書の写を送付する」。入所承諾書には入所保育所名、保育の実施期間などが記載されている（以上につき、平成9年9月25日、児発596号、厚生省児童家庭局長通知、Ⅱ1⑴⑷）。以上のような保育所入所行政の仕組みは、横浜市保育所保育実施条例施行規則（昭和62年3月25日規則15号）に規定するところでもある。

以上のように、市町村は、保育所が特定された入所申込みについて審査（選考）し、入所の可否の決定を行い、保育の実施を行っている。換言すれば、市町村は特定の保育所への入所と保育の実施を一体として決定するのであり、保育の実施は特定の保育所におけるそれとして決定されるのである。

4）転園とは、特定の保育所から他の保育所への入所保育所の変更である。それは、①入所している保育所からいったん退所し、②改めて他の希望する保育所に入所を申し込み、これが認められて入所する、ことである。①は保育実施の解除を意味する。しかし、それが保護者の同意のもとに行われるときは、「不利益処分」に当たらない（行政手続法2条4号)。「不利益処分」に当たるのは、保護者の意思に反する退所のときである。本件では、原告らはその意思に反して本件保育所から退所せざるを得ない状態に置かれたのであるから、この退所には「不利益処分」性が認められ、児童福祉法33条の4にいう保育の実施の解除に該当するというほかない。

本件においては、各児童ともその意に反して入所保育所を変更せざるを得なかったが、その手続は、横浜市保育所保育実施条例施行規則4条に基づく第3号様式「保育所入所承諾内容等変更通知書」を発して行われた。この通知書によれば、入所保育所の変更はこの通知の内容になっており、また、それは「保育の実施」の変更とされている。

5）　本件保育所の廃止処分が保育の実施の解除（処分）に当たるとすれば、児童福祉法33条の4に則り、あらかじめ児童の保護者に対し、保育の実施の解除の理由について説明するとともに、その意見を聴かなければならない。この場合、行政手続法第3章（12条および14条を除く）は適用除外とされ（児童福祉法33条の5）、代わって理由の説明と意見の聴取については、「福祉の措置及び保育の実施等に解除に係る説明等に関する省令」（平成6年厚生省令62号）が適用される。この省令には、あらかじめ市町村長は保育の実施の解除の内容、理由等を保護者に通知し（1条）、説明等の期日に、行政庁の職員は予定される保育の実施の解除の内容および理由を説明し、また、保護者の意見を聴く（4条）などの手続が定められている。

本件条例の制定・公布をもって保育の実施の解除がなされたとする場合、以上のような行政手続は、どの段階で行われればよかったのであろうか。児童福祉法33条の4および上記省令によれば、市町村長は保育の実施の解除を予定した段階で以上の手続を行う必要があると解することができる。そうだとすれば、本件条例の議会提出を決めた時、または、議会審議中に行うことが求められるということになるだろう。議会で本件条例が議決された後では、もはや「あらかじめ」とか「予定される」保育の実施の解除の説明・意見聴取とはいえないだろう。

おわりに

以上、縷々述べてきたが、筆者は一般に公立保育所を廃止できないといっているわけではない。結論的に筆者が本意見書でいおうとしていることは、入所中（保育契約の存続期間中）の児童がいる保育所を廃止しようとするときは、その児童または保護者の権利または地位・立場を不当に害することがないように配慮しなければならないということである。このような法的思考方法は、例えば、事案は異なるが、最近の最高裁第二小法廷平成16年12月24日判決（『判例時報』1882号３頁。『判例タイムズ』1172号123頁。三重県紀伊長島町水道水源保護条例事件）でも示されているように、法律学や法律家にとっては常識的なものであるということができる。

第3部

資　料　編

Ⅰ　裁判所の判決・決定

1　大東市立上三箇保育所廃止処分取消等請求事件 2006年4月20日大阪高裁判決（抜粋）

（判決文中、「控訴人」は「保護者」に、「被控訴人」は「大東市」に、「原判決」は「大阪地裁判決」に改めた。また、「本件各児童」は原告の監護する子ども、「本件保育所」は廃止された「上三箇保育所」を、「新保育園」は新設された私立「上三箇保育園」を指す。）

「大阪地裁判決認定のとおり、保護者らは大東市との間で締結した保育所利用契約に基づき、本件保育所が存続する限り、保護者らの監護する児童らが就学するまでの間、本件保育所において保育を受ける権利を有していたこと、大東市による本件保育所の廃止・民営化の結果、本件各児童及びその保護者らは新保育園への入所又は他の保育所への入所を選択することを余儀なくされたこと、それにもかかわらず、大東市は、本件保育所の民営化方針やその実施方法の決定に当たって、重大な利害関係を有する保護者らの意見を聴取する機会を持つことなく、新保育園の保育内容や引継ぎの実施方法についても、保護者らに大東市の方針を説明するのみであって、積極的に保護者らの希望や意見等を取り入れなかったこと、児童の発達における人的環境の影響には大きいものがあり、児童の保育に当たっては、保育士と児童及び保護者との信頼関係が重要であるところ、3か月間の引継期間で数名の保育士が参加しただけでは、上記のような信頼関係を構築することは難しいこと、本件保育所の廃止・民営化の結果、本件各児童に対する保育に当たっていた本件保育所の保育士は全員交替し、他方、新保育園における保育士は、本件保育所の保育士に比べて、経験年数の少ない者が多いことが予定されていたことがそれぞれ認められる。

また、……保護者らは、本件保育所の廃止・民営化について、保護者説明会等の場において、大東市の職員らに対し、民営化によって保育の内容が低下するのではないかとの懸念を示したり、引継期間が３か月間では短かすぎるとの意見を表明していたことが認められる。

上記の各事実及び保育所利用契約の趣旨に照らすと、大東市は、保育士の総入替を伴う本件保育園の廃止・民営化という本件各児童及びその保護者らの権利内容に大きな影響を及ぼす可能性のある決定を実行するに際して、移管先の新保育園において本件各児童が心理的に不安定になることを防止するとともに、保護者らの懸念や不安を少しでも軽減するため、保護者らに対し、引継期間を少なくとも１年程度設定して、新保育園の保育士となる予定者のうちの数名に、本件保育所における主要な行事等をその過程を含めて見せたり、平成15年４月１日の民営化以降も、数か月間程度、本件保育所において実際に本件各児童に対する保育に当たっていた保育士のうち数名程度を新保育園に派遣するなどの十分な配慮をすべき信義則上の義務（公法上の契約に伴う付随義務）を負っていたものと解するのが相当である。

ところが、大阪地裁判決認定のとおり、大東市が実際に行った引継ぎは、期間が３か月間のみであり、また、同年４月１日以降については、本件保育所の元所長１人を週に２、３回程度新保育園に派遣して指導や助言を行ったに過ぎなかったことが認められ、上記のような配慮をしたものであったとはいえないから、大東市は、上記義務に違反したものであって、大東市において、同義務違反につき責めに帰すべき事由がなかったことについての立証がない以上、保護者らに対し、債務不履行に基づく損害賠償責任を負うものというべきである。

そして、大阪地裁判決認定のとおり、実際にも、同民営化以降、新保育園において、登園を嫌がる児童が存在したこと、児童に怪我が多く発生し、その発生状況について保育士が認識できていない事態があったり、児童が保育士の知らないうちに自宅に戻るなど、児童の安全に重大な危険が生じかねない状況もあったこと、5歳児クラスにおいて、保育士の話に集中せず、各自がバラバラの行動をとる混乱状態が生じたことが認められ、その主たる原因としては、上記の引継ぎの不十分さが考えられること、他方、大東市としても、必要最小限度の引継ぎは行ったこと、当初混乱が見られた新保育園での本件各児童の生活も、日時経過するにつれて落ち着きが見られるようになっていること等の事情を総合考慮すると、保護者らの損害としては、1世帯につき慰謝料30万円及び弁護士費用3万円の合計33万円（父親と母親の双方が控訴人となっている場合には、各自につきその半額）を認めるのが相当である。」（以上、下線は筆者）

2　横浜市立の4保育所廃止処分取消等請求事件 2006年5月22日横浜地裁判決（抜粋）

【主文】より

「被告が横浜市保育所条例の一部を改正する条例（平成15年横浜市条例第62号）の制定をもってした横浜市丸山台保育園、同鶴ヶ峰保育園、同岸根保育園及び同柿の木台保育園を平成16年3月31日限りで廃止する旨の処分の取消しを求める請求を棄却する。ただし、同処分は違法である。」

【理由】より

1．本件改正条例の処分性（取消訴訟の適法性）

「法24条は、保護者に対して、その監護する乳幼児が保育の実施を受けるべき保育所を選択し得るという地位を一つの法的利益として保障したものと認めるのが相当である。

そして、入所時における保育所の選択は、入所時だけの問題ではなく、その後の一定期間にわたる継続的な保育の実施を当然の前提としたものであるし、入所後に転園や退園を求めるのは自由であるというのでは入所時の選択は空疎なものとなるから、法が入所時における保育の実施の選択を認めていることは、必然的に入所後における継続的な保育の実施を要請するものということができる。そして、入所に当たっては、前記のとおり、具体的な保育の実施期間を前提として利用関係が設定されるのであるから、この保育期間中に当該選択に係る保育所を廃止することは、このような保護者の有する保育所を選択し得るとの法的利益を侵害するものと評価することができる。」

「本件改正条例は、本件４園を平成16年３月末日をもって廃止することを定めるものであるから、これが法33条の４に定める保育の実施の解除に当たることは否定できないと思われる」。

「そうだとすれば、法は、保育の実施の解除を行うについては、解除理由を説明し、保護者の意見を聴かなければならないとし（法33条の４）、行政手続法12ないし14条の適用がある旨を規定している（法33条の５）。このことからすれば、法は保育の実施の解除をもって不利益処分と位置づけていることは明らかであって、これらの点からも本件改正条例の処分性が裏付けられるというべきである。」

「児童及び保護者の特定の保育所で保育の実施を受ける権利は、いずれも法律上保護された利益であり、本件改正条例の制定は、このような利益を他に行政庁による具体的な処分によることなく、必然的に侵害するものである。また、本件改正条例は本件４園における保育の実施を解除するものであり、法はこれを不利益処分と位置づけていると解される。

これらのことからすると、本件改正条例の制定は、行政事件訴訟法３条２項所定の『処分』に該当するものと解するのが相当である。」

２．本件改正条例制定の違法性

「市町村の設置する保育所の廃止については、設置者の政策的な裁量判断にゆだねられているものと解するのが相当であり、これら児童や保護者の同意が得られない限りその廃止が違法となるとまでは解し得ない。」

「保育所廃止に係る判断は、もとより無制約的に許容されるわけではないのであり、当該施設が保育所であるという施設の性質や入所中の児童や保護者の前記利益が尊重されるべきことを踏まえたうえで、その廃止の目的、必要性、これによって利用者の被る不利益の内容、性質、程度等の諸事情を総合的に考慮した合理的なものでなければならないことは当然である。」

「保育所としての性質からして、利用者の日々の生活と密接に結びついており、長期間にわたり、継続的な利用関係が想定されていること、その廃止が利用者に与える影響は、児童及び保護者のいずれに対しても、一般的には深刻なものがあると考えられること、法は市町村に対して必要な保育所の設置義務を定めていること（24条）、……法は、児童及び保護者の特定の保育所で保育を受ける利益を尊重すべきものとしていること等のことが挙げられるのであり、これらの点にかんがみるならば、その廃止について被告が主張するように市町村の広範な裁量にゆだねられているとは解し得ない。」

「入所児童がいる保育所を民営化するについては、当該保育所で保育の実施を受けている児童及び保護者の特定の保育所で保育の実施を受ける利益を尊重する必要があり、その同意が得られない場合には、そのような利益侵害を正当化し得るだけの合理的な理由とこれを補うべき代替的な措置が講じられることが必要であると解される。」

「本件民営化について大方の保護者の承諾が得られているとはいい難い状況であった。のみならず、これら保護者と被告との関係は、本件民営化に向けて建設的な話し合いが期待できるという状況にはなく、早急に信頼関係の回復が見込める状況にもなかったといわざるを得ない。」

「公立保育所を民営化するについて、保護者全員の同意が必要とまでは解されないが、本件民営化について保護者らが上記のような対応をとったことについては、突然に本件民営化が公表されたことや上記の被告の対応等に照らすと、一概に理不尽なものということはできず、また、それが極く一部の保護者の意向であったとも認められない。」

「本件民営化に向けての具体的協議の場として予定されていた三者協議会は、本件4園のいずれについても設置にも至っていない。そして、被告が主張していた3か月の引き継ぎ及び共同保育期間ということについては、十分な根拠があるとはいえないし、保護者の納得が得られていない状況下では、なおさらのことといえる。

このような状況下にあった平成15年12月18日の時点で、平成16年4月1日に本件民営化を実施しなければならないといった特段の事情があったとはいえない。『多様な保育ニーズに応えるため』『子どもの成長が早い』といった被告が説明してきた理由は、他方で種々の不利益を被る可能性のある児童、保護者の存在することを思えば、このような状況下での早急な民営化を正当化する根拠としては不十分といわざるを得ない。

このような民営化は、児童及び保護者の特定の保育所で保育の実施を受ける利益を尊重したものとは到底いえない。」

「以上のことからすれば、本件4園を民営化するという判断自体については、なお裁量の範囲内のことと解する余地もないではないが、被告が、本件改正条例の制定によって、上記民営化を平成16年4月1日に実施する（平成16年3月末日をもって本件四園を廃止する。）としたことは、その裁量の範囲を逸脱、濫用したものであり、……違法であると認めるのが相当である。」

3．事情判決の理由

「本件改正条例の制定は、その裁量権の行使に逸脱、濫用があり違法と解されるから、その制定行為（処分）を取り消すのが原則である。しかしながら、本件四園が廃止されてから既に2年余りが経過しており、既に保育所の建物、敷地は売却ないし貸与され、保育士等もそれぞれ新たな職場で勤務しているものと推測されるから、上記取消しによって法的には被告の設置する保育所としての地位を回復するとしても、現実問題として従前の保育環境が復活するわけではない。

そして、その一方で、上記期間の経過によって、本件各新保育所では新たな保育の環境が形成されるとともに、新たに同保育所で保育の実施を受けるに至った児童も存在するものと考えられる。現時点で本件改正条例の制定を取り消すことは、これらの新たな秩序を破壊するものであり、無益な混乱を引き起こすことにもなりかねない。

そこで、本件改正条例の制定を取り消すことは公の利益に著しい障害を生じるものであり、公共の福祉に適合しないものと認められるから、行政事件訴訟法31条１項を適用して、本件改正条例の制定が違法であることを宣言することにとどめ、原告らの請求は棄却することとした。」

4．損害賠償請求（国家賠償請求）

「被告において本件４園を廃止することが直ちに原告らに対する不法行為になるとまでは解されないが、被告としては、平成16年４月１日以降も保育期間が満了しない児童らが本件４園で保育の実施を受ける予定であったのであるから、仮に本件４園を廃止、民営化する場合には、これによる児童への悪影響を最小限にとどめるに必要な措置をとり、また、そのような観点に立って民営化の実施時期を定めるべき注意義務を負っていたものといえる。

そして、本件改正条例の制定により、本件四園を廃止、民営化する時期を平成16年４月１日としたことが、その裁量権を逸脱、濫用したもので違法と解されることは前述したとおりであり、上記の注意義務に照らすならば、この点は国家賠償法上も原告らに対する違法行為となるものと解される。」

「本件では、平成15年12月18日の段階で本件民営化を決定した本件改正条例の制定を違法行為としてとらえれば足り、被告は、この本件改正条例の制定及びこれに起因する諸事情により原告らが共通に被ったと認められる損害を賠償すべきであるということになる。

そして、上記損害を保護者原告らについてみると、これら保護者原告らは、共通して、平成15年4月後半に突然に本件民営化の計画を知らされて以来、被告の担当者らに対して反対の意思を表明してきたものの、結局は本件改正条例の制定により本件民営化は予定どおり実施され、これに対する憤りや、引き継ぎ、共同保育の期間が十分でなかった等のことから児童の保育環境の悪化を心配し、心を痛めたものと認められる」。

「これら保護者原告らの精神的な苦痛を慰謝する額としては、一世帯につき金10万円を基準として、別紙認容金額一覧表のとおりと認めるのが相当である」。(以上、下線は筆者)

3　神戸市立枝吉保育所廃止の仮の差止申立事件 2007年2月27日神戸地裁決定（抜粋）

【主文】より

「相手方は、申立人目録(1)記載の申立人らに対し，本案（当庁平成18年（行ウ）第81号事件）の第一審判決言渡しまで、神戸市立児童福祉施設等に関する条例（神戸市昭和33年条例第1号）の一部を改正する条例の制定をもってする神戸市立枝吉保育所を平成19年3月31日限り廃止する旨の処分をしてはならない。」

【事実及び理由】より

1．償うことのできない損害を避けるための緊急の必要性

「申立人らは、市立保育所としての本件保育所が廃止されたとしても、希望すれば、本件保育所と同じ場所で同じ施設を用いて設置される児童福祉法及び相手方の基準によって要求される水準を一応は満たした私立の保育所としての本件保育所において、引き続き保育を受けることが可能であるとはいえる。しかしながら、市立保育所の廃止と民間移管に伴い相当程度の保育環境の変化が生じることもまた不可避であり、これが保育児童に対して大きな影響を与えるであろうことも容易に想像の付くことである。無論、保育士の交替

といった事態は、保育士の転勤や退職、児童の転所等によっても通常起こりうる事態ではあり、また、本件法人による保育所も認可保育所として所定の条件を満たしたものなのであって、たとえ本件のように職員の転勤時等よりも多くの職員が交替することになったとしても、共同保育の期間中に新しい保育士と従前の保育士とが共同で保育を行うことを通じて、本件法人の保育士との間でもスムーズに保育児童との間の信頼関係が構築されていくことが予定されているのであれば、十分な引継ぎがなされているものとして、民間移管によって児童に多大な悪影響が生じ、これを仮に差し止めるべき償うことのできない損害が生じるとまではいえないものというべきであるが、本件においては上記3のとおり、共同保育について、相手方は、当初、移管前に3か月間の共同保育を行い円滑な引継ぎを実現するためのスケジュールを公表していたところ、移管先法人の第1回目の選考が失敗に終わったことを理由に、平成19年2月11日に至って、同年1月に予定されていた共同保育の開始時期を同年2月26日まで遅らせ、同月16日、詳細な保育内容を示して同月26日から3か月間の共同保育を行うことを重ねて明らかにしておきながら、わずか1週間後の同月23日には、同月26日の共同保育開始は不可能であるとして同年3月26日まで開始時期を遅らせた新たなスケジュールを提示するに至っているものである。

そして、本件条例では平成19年3月31日に市立保育所としての本件保育所を廃止して同年4月1日に民間移管することとしており、この予定を貫く限り、本件保育所に本件法人の保育士の多くを招いで引継ぎのために移管前に行うものはわずか5日間だけという極めて短いものとなっており、(その当否は措くとしても)そもそも相手方の従前の計画においてもこれが3か月ないしは1か月以上であったことも併せると、5日間といった短期間での引継ぎが可能であるとは到底考えられない。確かに、記録によれば、本件保育所の保護者の中にも、移管前に移管先法人の経験のある保育士が共同保育に参加することは事実上困難であると予想されることなどから、むしろ移管後に共同保育を行う方が望ましいとの意見を持つ者がいたことが窺え、その意見にも一理ある。しかし、本件保育所の保護者説明会において、相手方側の出席者（主幹保育士）が、経験上、４月に引継ぎを完了するのが最良であると発言したことがあり（甲総Ａ64)、平成18年４月に民間移管し、同月１日から３か月間の共同保育に入った鈴蘭台北町保育所の保護者の中には、「移管後は法人が主体で公立時代の保育士は肩身の狭い思いをし、遠慮していた。引継ぎは公立保育所が主体となっている間に行っておくべきである。」との意見を持つ者もいる。これらの発言、意見にもあるように、相手方の予定どおり進行するなら、平成19年４月以降は、本件法人が本件保育所の経営、運営の主体となるのであり、入所児童の生命、身体の安全及びその健康確保に第一次的な責任を負うのも本件法人であることはいうまでもない。退所する５歳児を除き、また、若干転所する児童がいる可能性を考慮しても約90名又はそれに近い人数の児童を一挙に引き継ぐ本件法人が、わずか５日程度の共同保育及びその他の書面等による引継ぎにより、個々の児童の個性等を把握し、その生命、身体の安全等に危険が及ぶことのない体制を確立できるとはおよそ考えられない。鈴蘭台北町保育所の保護者の前記意見にあるとおり、移管後、保育を補助する本件保育所の保育士は、立場上、現在と同じように児童に接することができないであろうから、共同保育が実施されるからといって前記危険が回避できるとは考えられない。本件法人が児童及び保護者に対して担うべき責務に照らすと、本件法人における前記の安全確保体制の確立が民間移管後であっても差し支えないとの見解には左祖できない。すなわち、本件においては、単に共同保育の期間が３か月間で十分か否かを論ずるのみでは足りないというべきところ、現時点では、相手方にはこの視点が欠落しているといわざるを得ないのである。また本件保育所の民間移管を保育所の新規設立と同視して引継ぎを重視しない見解も、既に安定した保育環境にある多数の児童を引き継ぐ本件法人と新規設立保育所の相違を正しく認識しないものといわざるを得ず、採り得ない。

共同保育の内容についてみても、平成19年２月11日の時点においてすら人員や時間等の詳細が定まってはおらず具体性に欠けるものであり、当裁判所からの釈明後に、保育士の人数や共同保育の時間帯などがある程度具体的になりはしたものの、同月23日には共同保育の計画内容を大幅に修正するなど、間近に共同保育の実施を控えているにもかかわらず、相手方の共同保育計画自体が具体性に欠けており、どの程度の実のある共同保育を実施しようとしているのかについて相手方自身の内部で確固とした決意や計画があるのかすらも疑わしく感じられる。

さらに、相手方の共同保育案は、主に平成19年２月11日の保護者説明会において保健者らに説明がなされているものであるが、申立人ら多くの保護者の反対を受け、移管先の本件法人からすらも期間が短いなどとして見直しを求められている上に、現在の本件保育所の保育士からも１年間の共同保育が望ましい旨の意見が表明されていることが窺われるのであり、このように関係者の多くが反対する中、わずか5日間だけの移管前共同保育による本件保育所の民間移管を強行すれば、これに伴って多大な混乱が起きる蓋然性は極めて高いものといわざるを得ない。付言するに、相手方は、平成19年２月23日に移管前の共同保育の期間を５日間とする前記計画を提示する理由として、本件法人から、共同保育に入る前に、保護者に対する本件法人の紹介と、相手方・本件保育所保護者会・本件法人の三者による移管に関する協議の場を設定してもらいたい旨の申出があったことを挙げる。しかし、記録による限り、相手方が、同年３

月26日からの３か月間の共同保育開始につき、本件保育所保護者会の了解を得た形跡は全くなく、本件法人の承諾を得たことも確認できない。疎明資料により一応認められる前記保護者会の意見からすると、仮に、本件法人の希望する三者協議会が実現したとしても、前記保護者会が相手方の前記計画に賛成する可能性は少なく、保護者の信頼と協力を重視する本件法人が同年３月26日の共同保育実施に踏み切れるのかも極めて疑問である。この点で、事前の共同保育期間を５日間とする相手方の最新の共同保育計画でさえ、実現の可能性がどの程度あるのか疑わしい。

本件保育所の民間移管に伴い前記のとおり申立人ら児童の生命・身体等に重大な危険が生ずるばかりか、保護者及び児童の保育所選択に関する法的利益も侵害される。すなわち、これが公法上の契約関係に基づき発生する極めて強固なものであるか、行政処分として発生する範囲内の程度のものであるかはともかくとして、児童福祉法24条は保護者に対してその監護する乳幼児にどの保育所で保育の実施を受けさせるかを選択する機会を与え、市町村はその選択を可能な限り尊重すべきものとしており、これは保護者に対して保育所を選択し得るという地位（入所後、当該保育所において、一定期間にわたる継続的な保育の実施を受ける地位を含む。）を法的利益として保障したものと認められること、児童自身についても、直接の保育の対象であることから、上記の法的地位が認められるべきであることからして、かかる意味での保育所選択権であるというべきである。

本件においては、上述したように相手方から本件法人への円滑な引継ぎのために行われる共同保育の計画の期間、内容及び実行可能性等について計画自体において問題があることは明らかであり、前記のような極めて不十分で実質的にみれば無きに等しい性急な共同保育を経ただけで市立保育所としての本件保育所を廃止しこれを民間移管することは、申立人らの保育所選択に関する法的利益を侵害するものであり、社会通念に照らして金銭賠償のみによることが著しく不相当と認められるものというべきである。」

2．本案について理由があるとみえるか否か

「特定の保育所に在籍する児童及びその保護者に対して保育所選択権が認められるとしても、市町村が、その設置している当該保育所を廃止すること自体が全く許されないわけではないというべきであり、廃止についての判断は保育所を取り巻く諸事情を総合的に考慮した上での当該市町村の政策的な裁量判断にゆだねられているものと解される。

もとより、保育所廃止に係る判断は無制約に許容されるわけではなく、当該施設が保育所であるという施設の性質や入所中の児童や保護者の前記利益が尊重されるべきことを踏まえた上で、その廃止の目的、必要性、これによって利用者の被る不利益の内容、性質、程度等の諸事情を総合的に考慮した合理的なものでなければならないことは当然である。そして、本件においては、市立保育所としての本件保育所の廃止による保育所選択権の侵害を保育児童やその保護者らに受忍させるには、児童及び保護者の損害及び不利益をできる限り少なくするため十分な措置を講ずることが必要となるというべきである。この点については、本件条例に伴って相手方が措置することを予定している民間移管の内容や円滑な移管のためにとられる予定の引継ぎや共同保育等のスケジュール等の諸般の事情を検討すべきこととなる。」

「相手方において、市立保育所の廃止により財政状況を立て直す必要性があること自体は一応認められるものの、上記４のとおり、相手方から本件法人への円滑な引継ぎのために行われる共同保育の計画の期間、内容及び実行可能性等については計画自体において問

題があり、前記のような極めて不十分で実質的にみれば無きに等しい性急な共同保育を経ただけで市立保育所としての本件保育所を廃止しこれを民間移管することは、申立人らの保育所選択権を、相手方に与えられた裁量権を逸脱又は濫用して侵害するものといわざるを得ず、本案について理由があるとみえる場合に当たるものというべきである。」（以上、下線は筆者）

Ⅱ　参考条文

児童福祉法（抜粋）

第24条　市町村は、保護者の労働又は疾病その他の政令で定める基準に従い条例で定める事由により、その監護すべき乳児、幼児又は第39条第2項に規定する児童の保育に欠けるところがある場合において、保護者から申込みがあつたときは、それらの児童を保育所において保育しなければならない。ただし、付近に保育所がない等やむを得ない事由があるときは、その他の適切な保護をしなければならない。

2　前項に規定する児童について保育所における保育を行うこと（以下「保育の実施」という。）を希望する保護者は、厚生労働省令の定めるところにより、入所を希望する保育所その他厚生労働省令の定める事項を記載した申込書を市町村に提出しなければならない。この場合において、保育所は、厚生労働省令の定めるところにより、当該保護者の依頼を受けて、当該申込書の提出を代わつて行うことができる。

3　市町村は、一の保育所について、当該保育所への入所を希望する旨を記載した前項の申込書に係る児童のすべてが入所する場合には当該保育所における適切な保育の実施が困難となることその他のやむを得ない事由がある場合においては、当該保育所に入所する児童を公正な方法で選考することができる。

4　市町村は、第25条の8第3号又は第26条第1項第4号の規定による報告又は通知を受けた児童について、必要があると認めるときは、その保護者に対し、保育の実施の申込みを勧奨しなければならない。

5　市町村は、第1項に規定する児童の保護者の保育所の選択及び保育所の適正な運営の確保に資するため、厚生労働省令の定めるところにより、その区域内における保育所の設置者、設備及び運営の状況その他の厚生労働省令の定める事項に関し情報の提供を行わなければならない。

第33条の4

都道府県知事、市町村長、福祉事務所長又は児童相談所長は、次の各号に掲げる措置又は保育の実施等を解除する場合には、あらかじめ、当該各号に定める者に対し、当該措置又は保育の実施等の解除の理由について説明するとともに、その意見を聴かなければならない。ただし、当該各号に定める者から当該措置又は保育の実施等の解除の申出があつた場合その他厚生労働省令で定める場合においては、この限りでない。

三　母子保護の実施及び保育の実施　当該母子保護の実施又は保育の実施に係る児童の保護者

第35条

3　市町村は、厚生労働省令の定めるところにより、あらかじめ、厚生労働省令で定める事項を都道府県知事に届け出て、児童福祉施設を設置することができる。

6　市町村は、児童福祉施設を廃止し、又は休止しようとするときは、その廃止又は休止の日の１月前までに、厚生労働省令で定める事項を都道府県知事に届け出なければならない。

行政事件訴訟法（抜粋）

（抗告訴訟）

第３条

2　この法律において「処分の取消しの訴え」とは、行政庁の処分その他公権力の行使に当たる行為（次項に規定する裁決、決定その他の行為を除く。以下単に「処分」という。）の取消しを求める訴訟をいう。

7　この法律において「差止めの訴え」とは、行政庁が一定の処分又は裁決をすべきでないにかかわらずこれがされようとしている場合において、行政庁がその処分又は裁決をしてはならない旨を命ずることを求める訴訟をいう。

（執行停止）

第25条

処分の取消しの訴えの提起は、処分の効力、処分の執行又は手続の続行を妨げない。

2　処分の取消しの訴えの提起があつた場合において、処分、処分の執行又は手続の続行により生ずる重大な損害を避けるため緊急の必要があるときは、裁判所は、申立てにより、決定をもつて、処分の効力、処分の執行又は手続の続行の全部又は一部の停止（以下「執行停止」という。）をすることができる。ただし、処分の効力の停止は、処分の執行又は手続の続行の停止によつて目的を達することができる場合には、することができない。

3　裁判所は、前項に規定する重大な損害を生ずるか否かを判断するに当たつては、損害の回復の困難の程度を考慮するものとし、損害の性質及び程度並びに処分の内容及び性質をも勘案するものとする。

4　執行停止は、公共の福祉に重大な影響を及ぼすおそれがあるとき、又は本案について理由がないとみえるときは、することができない。

5　第2項の決定は、疎明に基づいてする。

6　第2項の決定は、口頭弁論を経ないですることができる。ただし、あらかじめ、当事者の意見をきかなければならない。

7　第2項の申立てに対する決定に対しては、即時抗告をすることができる。

8　第2項の決定に対する即時抗告は、その決定の執行を停止する効力を有しない。

（差止めの訴えの要件）

第37条の4

差止めの訴えは、一定の処分又は裁決がされることにより重大な損害を生ずるおそれがある場合に限り、提起することができる。ただし、その損害を避けるため他に適当な方法があるときは、この限りでない。

2　裁判所は、前項に規定する重大な損害を生ずるか否かを判断するに当たつては、損害の回復の困難の程度を考慮するものとし、損害の性質及び程度並びに処分又は裁決の内容及び性質をも勘案するものとする。

3　差止めの訴えは、行政庁が一定の処分又は裁決をしてはならない旨を命ずることを求めるにつき法律上の利益を有する者に限り、提起することができる。
4　前項に規定する法律上の利益の有無の判断については、第9条第2項の規定を準用する。
5　差止めの訴えが第1項及び第3項に規定する要件に該当する場合において、その差止めの訴えに係る処分又は裁決につき、行政庁がその処分若しくは裁決をすべきでないことがその処分若しくは裁決の根拠となる法令の規定から明らかであると認められ又は行政庁がその処分若しくは裁決をすることがその裁量権の範囲を超え若しくはその濫用となると認められるときは、裁判所は、行政庁がその処分又は裁決をしてはならない旨を命ずる判決をする。

（仮の義務付け及び仮の差止め）
第37条の5
2　差止めの訴えの提起があつた場合において、その差止めの訴えに係る処分又は裁決がされることにより生ずる償うことのできない損害を避けるため緊急の必要があり、かつ、本案について理由があるとみえるときは、裁判所は、申立てにより、決定をもつて、仮に行政庁がその処分又は裁決をしてはならない旨を命ずること（以下この条において「仮の差止め」という。）ができる。
3　仮の義務付け又は仮の差止めは、公共の福祉に重大な影響を及ぼすおそれがあるときは、することができない。

あとがき

私が最初に本書のテーマに関わったのは、高石市立東羽衣保育所の廃止についてである。2001年6月、すでに大阪府高石市では保育所設置条例が改正され、法的には保育所廃止が本決まりになっていた。それまでに同保育所の保護者会は、ありとあらゆる方法で東羽衣保育所を廃止しないように訴えてきたが、万策つきた格好になっていた。その段階で相談を受けた筆者としては、裁判を勧めるしかなかった。

「最後の手段として裁判がある」「前例のない裁判でむずかしいものになる」「勝訴できる保証はない」「やるだけのことをやるしかない」「皆さんがその気になるのなら、私は最大限の協力をする」などといったと記憶している。私の提起を受けて、山崎国満弁護士（阪南合同法律事務所）が粘り強く準備を進められ、2001年9月に大阪地裁に提訴された。それ以来、時に弁護団会議に参加し、また、裁判所に提出する「意見書」の執筆に励んだりした。2005年8月には、横浜地裁で証人として証言もした。

大阪地裁では敗訴が続いたが、判決を読んでみると、裁判所はかなり原告側の言い分を聞いてくれていると感じた。もうひと踏ん張りすれば何とかなるかも知れないなどという希望を秘かに抱き始めた。しかし、そうはいっても、行政側を敗訴させないのが日本の裁判所だから、変に期待はするまいと心に誓いもした。ところが、2006年に入ると、裁判所が原告を勝訴させる判決を出し始めた。

保育所の裁判に関わり始めて30年近くになるが、この間敗訴の連続であり、しばしば「私が関わると裁判は負けます」などと苦笑まじりにいったりしてきた。ところが、最近、時たま勝訴できるようになった。大きな変化である。率直に言うと、私が変わったのでなく、裁判所が変わったように感じる。これは私の印象であり、本当にそうなのかは冷静な分析が必要である。

本書は、各地で公立保育所廃止・民営化裁判をたたかってきた人たちと、これを支えている弁護士たちの奮闘、努力があってできたものである。これらの人たちに役立つものになっているかどうか、厳しい目で見ていただきたい。

2007年4月

田村　和之

（追記）　表紙絵とカットには、高陽なかよし保育園（広島市安佐北区）の2006年度年長クラス（たいよう組）の共同作品をつかわせていただいた。

〈著者紹介〉

田村和之（たむら　かずゆき）

1942年生まれ
大阪市立大学大学院法学研究科修士課程修了
現在　龍谷大学法科大学院教授、広島大学名誉教授

〈著書・論文〉

『保育法制の課題』（1986年・勁草書房）
『Q＆A私立保育園経営の法律問題』（1988年・全国私立保育園連盟）
『保育所行政の法律問題［新版］』（1992年・勁草書房）
『実務注釈　児童福祉法』（共編、1998年・信山社）
『保育所の民営化』（2004年・信山社）

保育所の廃止

2007年（平成19年）5月15日　第1版第1刷発行
8545-0101

著　者　田　村　和　之
発行者　今　井　貴
編集所　信山社出版株式会社
〒113-0033　東京都文京区本郷6-2-9-102
電　話 03（3818）1019
ＦＡＸ 03（3818）0344
販　売　信山社販売株式会社
発行所　株式会社　信　山　社
Printed in Japan

印刷・製本／松澤印刷

ISBN4-7972-8545-1　C3332
NDC 分類328.671
8545＝012-0200-010